U0904699

云南出版集团公司
云南人民出版社

总 策 划/李正阳 吴 松
主 编/蔺斯鹰
本卷主编/杨艳梅

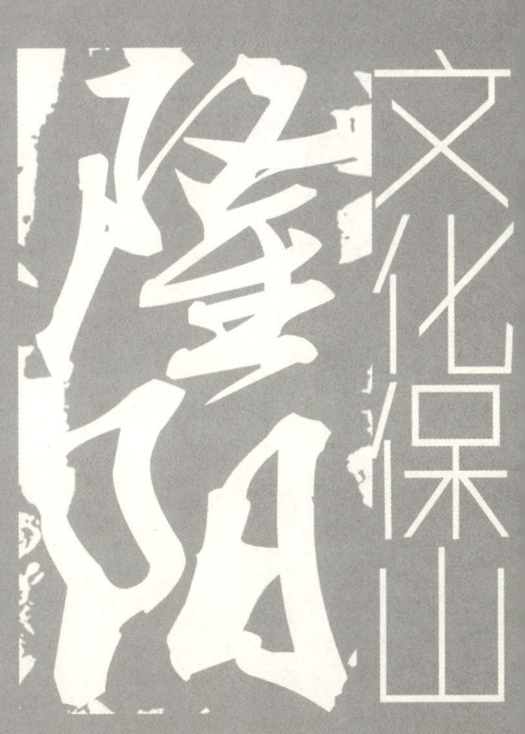

《文化保山》丛书编委会

总　策　划：李正阳　吴　松
主　　　编：蔺斯鹰
副　主　编：倪志平
总　监　制：李　维
监　　　制：江庆波

编　　　委：蔺斯鹰　倪志平　王琨楼　朱光亮　段一平
张有武　黄　玲　杨艳梅　杨杰坤　胡丽华
杨新锦　范红玉　毕　蕾　蒋开磊

《文化保山·隆阳》

本卷编委会

本卷策划：耿　梅　段生荣
本卷主编：杨艳梅
本卷副主编：张炜华　邵曰本　段国富　何利伟　刘义马
本卷撰稿：耿德铭　张炜华　刘义马　杨晓富　刘国海　邱德衡
王国文　周向东　董尚云　朱新睿　皇学渊　李达伟
本卷摄影：范南丹　王华沙　邵曰本　杨世伟　蔡汉晖　张四云　赵常兴
于观明　鲁　韬　李秀敏　唐人俊　刘世杰　杜晓红　李容婵
申绍怀　许　胜　蔡庆彪　杨　吉　唐晓军　唐邦生　蒋　蕾
张　卓
编　　　务：黄有君

西南第一橋

总序

保山是云南开发较早、历史文化积淀较为丰富的边疆多民族地区。20 世纪 90 年代初，人类学家在隆阳区发现了“羊邑古猿”化石，其生存年代为晚中新世至上新世，距今约 800 万年至 400 万年。这一重大发现填补了中国猿、人演化进程中最关键时期的化石空白，证明我国是世界人类主要发祥地之一。而蒲缥塘子沟文化遗址出土的古人类化石、动物化石、石骨角牙制品等各类可供鉴定的实物标本，古人类用火遗迹和我国目前已知时代最早的房屋遗迹，说明保山这一方神奇的土地，至迟在七八千年前的旧石器时代，这里的先民们就创造了独具区域特征的史前人类文明，开始孕育辉耀边地的保山文化。

文化是历史的积累，保山文化就是在保山这块特定的土地上，由保山各族人民在生产生活中共同创造的物质财富和精神财富的总和，是保山历史发展的综合成果，具有阶段性、连续性和累积性。庄子曰:“物之生也，若骤若驰，无动而不变，无时而不移。”时有古今，地有南北，风俗殊异，礼仪屡迁，每一种文化都会因时间的不同和空间的差别而有内容和结构的变化，保山文化与其他任何文化一样流转变动、生生不息。

古哀牢国在中华民族的发展史上占有十分重要的地位，“其地东西三千里，南北四千六百里”，“西通大秦，南交趾”（《新唐书·张柬之传》），“分置小王，往往邑聚，散在溪谷，绝域荒外”（《后汉书·西南夷列传》）。大量考古材料也证明至迟在战国中期，“哀牢国”已形成了具有统治机制的部落联盟。进入奴隶社会，其开国之王便是著名的“九隆神话”中沙壹“触沉木若有感”而生的“龙的传人”九隆。随着西南丝绸之路的开通，汉文化的传入，中原先进生产力的运用，使哀牢王深感必须与时俱进才能获得边地的和平与繁荣。东汉永平十二年（69年），哀牢王柳貌率邑王77名、族民5万多户共55万多人内附，汉明帝以其地置哀牢、博南二县，并和益州西部六县一道设置永昌郡。哀牢归汉在当时是一件具有里程碑意义的大事件，举国欢腾。著名史学家班固在其《东都赋》中记载:“绥哀牢，开永昌。春王三朝，会同汉京……内抚诸夏，外绥百蛮……万乐备，百礼暨，皇欢浃，群臣醉。”哀牢归汉是当时朝野上下一心、顺时应变、向往先进文化、积极进取的结果。

“哀牢归汉”后建立永昌郡，因地域广阔，各民族杂居，成为全国第二大郡。“哀牢归汉”为保山文化的发展创造了条件，永昌郡的确立奠定了保山文化发展的基础。两个时代不可分割又各有特色，永昌郡时代爆发出前所未有的创造精神，从而完成了将汉唐文化扎根边地的过程，把保山文化推向花团锦簇、流光溢彩的高峰。

保山地处西南边地，踞“八关九隘”之威势，扼“三宣六慰”之咽喉，为历代兵家必争之地。三国时，雍闿叛蜀，永昌功曹吕凯“执忠绝域，十年有余”；唐时“通计南诏兵三万，而永昌居其一”；1277年，缅甸东吴王朝集缅、印兵约五万、象八百、马万匹袭境，终是大败而去；明代兵部尚书王骥“三征麓川”，捍卫了国家领土完整与边疆稳定；第二次世界大战期间，二十万中国远征军入缅作战，首开全国抗日战争大反攻之始，在中华民族抵御外侮的历史上树起一座英勇悲壮的战史丰碑。战争是人类社会的一种历史现象，是政治的一种手段，更是不同文化之间的抗争。一些文化因为战争消亡了，另一些文化则因战争得到发展。特别是战争对于人们思想的影响、围绕战争著就的文学作品、战争留下的遗迹、因为战争而发生的军事科技，对于文化的演进起着特殊的作用。

在漫长的历史长河中，居住在保山这块土地上的各族人民创造了风格独具、光辉灿烂的文化。这些文化相互交流、彼此融合、竞相发展。在这块古老而又年轻的土地上，流传着数以千计的口传文学，回荡着数以万计的民歌、小调和器乐曲，飞旋着千姿百态的民族舞蹈，存活着多种古韵流风的戏剧曲艺、鲜活的民间美术和传统工艺，承袭着风情万种的社会习俗，屹立着巍峨清静的寺观庙宇，散落着精美舒适的传统民居，少数民族节日丰富多彩。这些与自然界季节更迭、祈求丰收、崇敬英雄、民族习俗、宗教信仰等密切相关的文化，是鲜活的民族发展史，是民族生活方式的集中体现，也是民族精神的生动展示。

为发扬光大保山文化，我们编辑出版了这套《文化保山》丛书。力求以扎实确凿的史料为根基，采取富有文采、生动流畅的散文笔法，对其进行多元观照与文化透视，反映重大历史、文化主题，并给予历史阐释和文化反思。强调知识性，但不是一般性的知识读本；强调学术根基，但不是纯粹的学术专著；强调可读性，但不是只顾新异的凿空立论和华而不实的游戏笔墨。

《文化保山》丛书用大文化的视野，将抒情、叙述与思辨融为一体，从文化的角度全方位、多视点解读保山文化里一切包含魅力的意象，诠释边地园林、山水、风俗、饮食、民居、市井、工艺、戏曲等文化，展现生态、形态、情态浑然天成的东方农耕文明、乡土建筑文化、社会发展文脉等山河画卷，涉猎广泛，内涵丰富，向读者展示了一幅色彩斑斓、文化气息浓郁，集文学、历史、地理、艺术于一体的历史文化长卷。

《文化保山》丛书采用图文并茂的表现形式，选择相关的、经典的图片插入其中。图片形象丰富，一目了然，能够深入再现历史与现实，立体凸现每一不同历史时期社会生活各方面的发展变化，是文本内容的画面直观反映和背景补充，图与文珠联璧合，相得益彰。

任何一种文化，都有其地域性。保山辖隆阳区、施甸县、腾冲县、龙陵县、昌宁县，因地域空间的相对差异性，在保山文化这个百花园中，虽大同也存小异，从而各有特色。《文化保山》丛书除综合卷外，分卷为《文化保山·隆阳》、《文化保山·施甸》、《文化保山·腾冲》、《文化保山·龙陵》、《文化保山·昌宁》，各为丛书中的一种，是《文化保山》丛书不可分割的一部分，又具有相对独立性。

保山不仅有得天独厚的自然风光，还有深邃悠久的人文景观，与缅甸等东南亚、南亚国家友好往来，文化交流源远流长，在区位、资源、文化、历史等方面具有很好的优势，是中华文化圈与东南亚文化圈的交汇点，形成了中原文化与南洋文化、汉文化与边地少数民族文化、现代文明与原始文明相互交融、和谐共生的多元民族文化。保山这个历史上曾经几度辉煌的边陲重镇，必将依托自己独特的地缘优势和悠久的商贸历史，在不断的交流与合作中，迈向一个辉煌的未来。

《文化保山》丛书编委会

2012年10月

目录 CONTENTS

二、兰花芬芳添隆阳锦绣

三、风习淳美显家园和谐

一、古道悠悠写永昌辉煌

地上本没有路，走的人多了也便成了路。

一条穿行于彩云之南崇山峻岭之间的古道路，给予了滇西大地文明教化，使滇西大地上原来的奴隶制王国“哀牢国”所开创的“哀牢文化”在与中原汉文化的交汇过程中逐渐融合新生。因为穿越永昌辖地的古道路段被称为“永昌道”，融合新生的以汉文化为主、本土少数民族文化为辅的文化也就被称为“永昌文化”。

古道老了，像一位目光深邃的老人，而跨越千年的“永昌文化”却依然脉络清晰，文化灵魂就附着在隆阳大地上……

隆阳
LONG YANG
古道悠悠写永昌辉煌

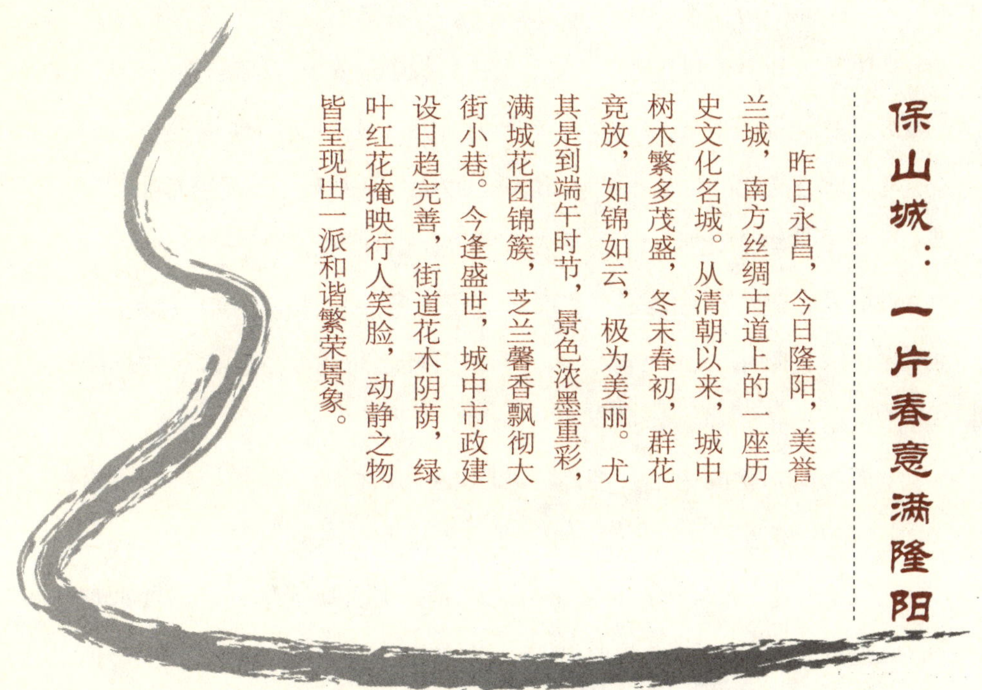

保山城：一片春意满隆阳

昨日永昌，今日隆阳，美誉兰城，南方丝绸古道上的一座历史文化名城。从清朝以来，城中树木繁多茂盛，冬末春初，群花竞放，如锦如云，极为美丽。尤其是到端午时节，景色浓墨重彩，满城花团锦簇，芝兰馨香飘彻大街小巷。今逢盛世，城中市政建设日趋完善，街道花木阴荫，绿叶红花掩映行人笑脸，动静之物皆呈现出一派和谐繁荣景象。

保山坝子西边的九隆山在滇西是一座声名响亮的山，位于九隆山东面的城市是一座南方丝绸古道上的历史文化名城，一座拥有30多万城市人口的滇西边境中心城市，拥有近1300年的历史。

这就是保山城，因位于九隆山东面，又因山的东面为阳面，保山城又被古人雅称为“隆阳”。到21世纪初，因为撤并行政区划，城市的雅称也就正式成为了一个县级行政区划的名字，含保山城在内的隆阳区成了保山市的政治经济文化中心——市委、市政府所在地。

保山是一个历史文化源远流长的地方，从距今约8000多年的“蒲缥人”开始，前后经历了哀牢文化时期和永昌文化时期，衍生出了包容并蓄、多姿多彩的保山文化。而保山城，则因为它的文化中心地位，成了保山地方文化的灵魂栖居地，成了一个保山对外展示形象的窗口。

保山坝子是云南的一颗璀璨明珠，自古以来就被称为“滇西粮仓”。追寻保山城的历史根源也颇有意思，从“哀牢文化”、“永昌文化”到“保山文化”，再到撤市设区后的“隆阳文化”，核心辐射区域都是同一个坝子。历史进程让同一片土地多次更名换姓，热土上衍生的文化也一路更名换姓，地方文化的中心——城市，也在保山坝子上几经迁址。

关于哀牢文化的中心，哀牢首邑城址的记载，在史册和地方博物馆里难觅踪迹。或许是因为当时的哀牢人只会用草木“结庐而居”，草木在风吹日晒中一天天腐朽，经年的岁月逐渐洗净了古人居住过的痕迹。

而永昌文化的中心，却是记载明确的，在 1982 年的一场考古发掘中，今汉庄镇诸葛营村东侧一带，考古工作者发现了一座东西长 350 米、南北宽 300 米、面积约 10 万平方米的长方形古城遗址。根据考古发掘的城池规模及出土的大量汉代砖瓦等古代建筑遗物，考古工作者确定它为东汉的永昌郡城遗址。从历史发展的角度看，永昌郡城应该为营

造后来的保山城奠定了一定的基础。

那么保山文化的中心——保山城又是从何而来的呢？历史记载，它开始兴建于唐代。唐天宝二年，西南六诏之一的蒙舍诏皮罗阁在太保山下建起了名为拓榆的土城，后来土城毁坏于明朝洪武十六年的麓川土司叛乱中。于是洪武十八年，云南前卫指挥使李观开始在土城的旧址上以砖瓦兴建新城，洪武二十八年指挥司胡渊扩建城市，将太保山圈于城内，使山与城浑然一体，被誉为“迤西胜景”（保山曾一度隶属迤西道）。明朝嘉靖三年（1524 年），朝廷废永昌守御千户所而设保山县，因城市西倚太保山而得县名，城池也就正式得名为保山城。

后人根据资料考证，历史上的保山古城曾经“街道东西南北直交，呈‘井’字形结构，极为整齐方正。方圆 2.1 平方

保山城市全景

40年代的保山南门城楼

公里，周围城墙高7.33米，长6.5公里，建有城楼7座”。但这座小城的命运是多舛的，清朝时，城墙因为屡遭兵祸破坏，多次重修。抗日战争时期，因日机轰炸，为便于疏散人口，城墙被开了几个口子。20世纪60年代初期因为生产生活需要毁了东门城楼和小北门城洞，到60年代末期时，南门城楼也毁了，仅留下了仁寿门。

一块块城砖散佚了，只有零星的几块，被有心人在保山一中内和古城公园小区打起了两段围墙，让人看着怀古时也多了一些伤感。幸存的仁寿门也像一个苟延残喘的老者，城门洞下沙土填埋，城门洞上草木丛生。可以说，历史上的保山古城已经只剩点点废墟了，但废墟之上也崛起了一座新的保山城。

曾经，一位生于保山城、长于保山城的老作家出了一本图文并茂的散文集《老保山》，作家深情地回忆了儿时保山城的文化生活以及他对保山这座城池的认知，一个消失的时空片段，一座底蕴深厚的城池，使文章很耐读，作家如实反映了一个老保山的文化风貌。在一定程度上，那是一本带有情感的城市生活志，或者是一本关于保山城的城市传记。

生活在这座古城里的人们对它的热爱，一方面可能是因为长期在保山城学习、生活带来的“日久生情”，另一方面确实是因为保山城的美丽。因为保山盛产兰花，因此保山城被人美誉为“兰城”。既然是一座享有兰花美誉的城市，芬芳自然是少不了的。从清朝开始，保山城就被人们称为“春满隆阳”，因为城市里种植了太多的花木，春天一到，百花锦簇，让人置身于花的海洋里，保山城也就成了一座鲜花之城。

保山城的春天是别致的，尤其是到了端阳时节，保山城更是呈现

永昌古城平面图

出一派欣欣向荣的景象，城市被浸泡在春天的花海里。进入保山城，奔来眼底的都是姹紫嫣红的花，红的、粉的、黄的、白的、绿的……说得出名字的，喊不出名字的，仿佛所有花卉都在这个时节来到保山城里聚会。于是，端阳花街也就成了保山各族人民的盛会，在满城鲜花争奇斗艳的背景下，花药鸟虫、土特产品、日用百货也一起来凑热闹，弄得全城张灯结彩，货棚琳琅满目，中外人士，商贾名流，纷至沓来。

现在的保山城，被隆阳人用勤劳、朴实、诚信的“大肋巴”精神建设得一天一个样，已经成了滇西的一个中心枢纽，高楼林立，车水马龙，川流不息。随着城市改扩建工程的发展进程和市政建设的日趋完善，城市建设集中展现的文化内涵也越来越丰富，保山城正在以崭新的形象展示着保山新面貌。

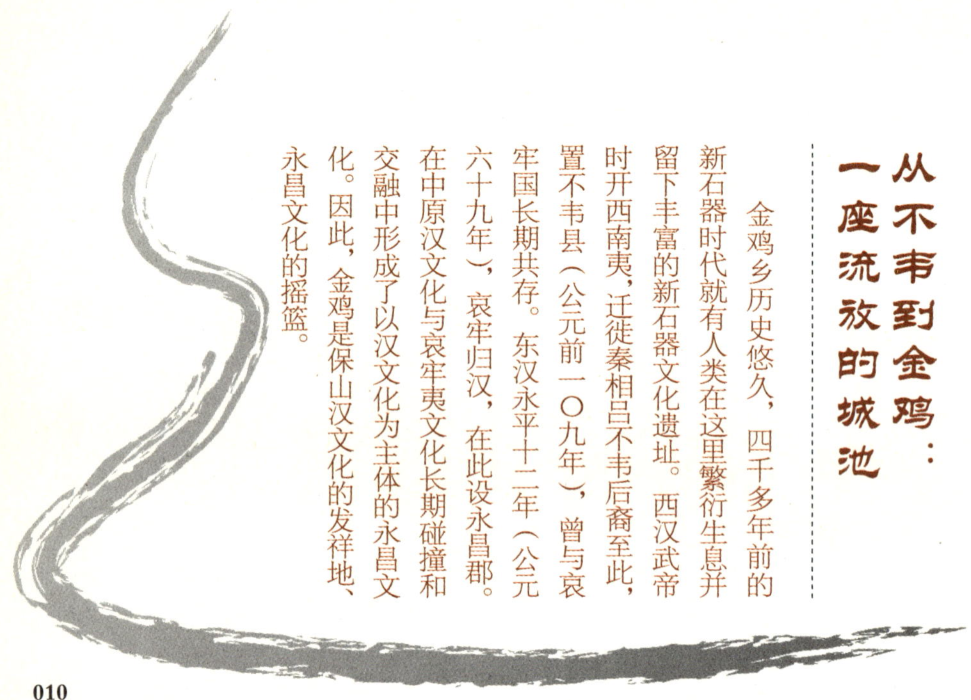

从不韦到金鸡：一座流放的城池

金鸡乡历史悠久，四千多年前的新石器时代就有人类在这里繁衍生息并留下丰富的新石器文化遗址。西汉武帝时开西南夷，迁徙秦相吕不韦后裔至此，置不韦县（公元前一〇九年），曾与哀牢国长期共存。东汉永平十二年（公元六十九年），哀牢归汉，在此设永昌郡。在中原汉文化与哀牢夷文化长期碰撞和交融中形成了以汉文化为主体的永昌文化。因此，金鸡是保山汉文化的发祥地、永昌文化的摇篮。

金鸡的得名源于一个传说：金鸡村后山中有一巨石，常有凤凰栖于石上，“土人不识，呼为金鸡”，久而久之，转成村名。西汉元封二年（公元前 109 年），汉武帝置益州郡时，在今保山的金鸡置不韦县。徙吕不韦子孙宗族实之，因名不韦。不韦县治就设在今保山坝东北边缘凤溪山下的金鸡村。这座因秦相吕不韦后裔流放至此设立的建筑，注定就是一座糅合中原文化元素和地方文化因子的流放城池。

不韦县的设置，是中原王朝在澜沧江以西开疆拓土的最初据点，为中原王朝在云南设置的第一批县治位置最西者，也是汉文化消解、吸纳直至最后取代哀牢文化的开端。可以说，金鸡是汉文化的发祥地，

也是后来永昌文化形成的最初雏形。

实际上，金鸡在保山的文明史和文化史上占有极其重要的地位。虽然从现在的版图和行政区划上，金鸡在隆阳区 18 个乡镇（街道）中所辖面积是最小的。但从她的影响来说，金鸡在云南乃至中国都应该有她的一席之地——3500 多年前滇西古人就在这里留下了丰富的新石器文化遗址。文化总是与政权的确立紧紧连在一起。以秦相吕不韦后裔为主体的中原汉人来到了“西通大秦，南交趾”、“其地东西三千里，南北四千六百里”的哀牢古国禁水（今东河）之滨，在丰肥高爽的后陵上建起中原王朝在哀牢腹地最早的统治机构。中原兴极一时且根深蒂固的儒家文化与“分置小王，往往邑聚，散在溪谷，绝域荒外”（《后汉书·西南夷列传》）而交通闭塞、交流封闭的多个少数民族文化（夷文化）激烈碰撞、糅合、同化，确立了汉文化的主体地位。公元 47

滇戏窝子——金鸡四方街

金鸡村远眺

年，哀牢王扈栗深感“汉威甚神”（《华阳国志·南中志》），“遂率种人户二千七百七十，人口万七千六百五十九……求内属”（《后汉书·西南夷列传》），汉文化完成了它在“西南夷”的大一统格局。先进的农耕文化传播进来，农业生产水平大幅提高。如今金鸡育德村文化室陈列的木锄，是当地农耕文化高度发展的缩影。木锄设计巧妙，充分考虑到了力学原理的利用，既美观又省力。生产工具的进步，促进了生产力的发展，巩固了不韦县政权。汉室血脉得以在这块土地恣意流淌，文明的风气逐渐凝聚成根基深厚的常青树。

昔日不韦县城在历史的风尘和时间的剥蚀下仅剩一片遗址，成了一片桑园和耕地，但仍能不时在土坎下发现一些残砖碎瓦。这些残砖碎瓦记录了一个家族的兴衰沉浮，透过历史的云烟，似乎仍能看见昔日的吕氏后裔沿着蜀身毒道一路走来，唱着“汉德广，开不宾，渡澜沧，为他人”的古歌，用脚板一路丈量着文明的长度，用智慧开启一个新

的桑梓。这个地方，曾是“吕氏”后裔几经辛苦经营创建起来的一座城池。作为一个曾经显赫却因有“历史的恶迹”被汉武帝开发西南时贬斥充军的家族，万里迢迢来到这极边之地，日子过得战战兢兢。后因战争，“吕氏”后裔这个作为“不韦县”的创世家族神秘消失，连“吕”的姓氏也湮没在历史的风尘中，至今在金鸡连一户姓“吕”者都没有，这成了当地历代世居居民议论不休的历史话题。“不韦”县治成了一方废墟。登上古城遗址，视野开阔，清风徐面，平整如畦的保山坝尽收眼底。有作家开玩笑说来这里买地置房，定居于此，每日在不韦县遗址上徜徉，说不定发掘出几件秦汉文物，就能解读并见证一个王朝的兴衰。作家艺术家既喜欢用形象思维透过历史的隧道还原历史的碎片，又喜欢用理性的文字来比较现实与历史的异同。这种带些悖论式的思维与视觉切入，能使一个单纯的事物复杂化，使一个单调的地方丰富化，使一个抽象的事物形象化。而金鸡这块厚重的土地，积淀了太多太多

人文与自然景观的热土，自然就给了作家艺术家多元多层面的感悟。

自然景观是首先吸引人注目的第一张名片。在保山看日出，凡是熟悉保山的人都会不假思索地推荐瓦窑的道人山和金鸡的宝鼎寺。从宝鼎寺旁的石头山看日出，让人似乎觉得太阳是突然从颜色渐渐增稠的东方跃出来的。太阳跃出的刹那，只觉紫气东来，气象万千，宝鼎寺沐浴在一片柔和的霞光和阳光中，越发显得雄伟、庄严和冷峻，佛家那跳出三界外、不在五行中的淡泊和普度众生的大度瞬间显现无掩，使人顿生庄严的虔诚之心。而一代代流传的口头传说，更是一个地方深厚的人文历史补白，也是对单纯的自然景观赋予丰富想象的惯性。金鸡村杨家巷外，一条细长圆形山岭，高近 500 米，长约 200 多米，自古称象鼻子山。

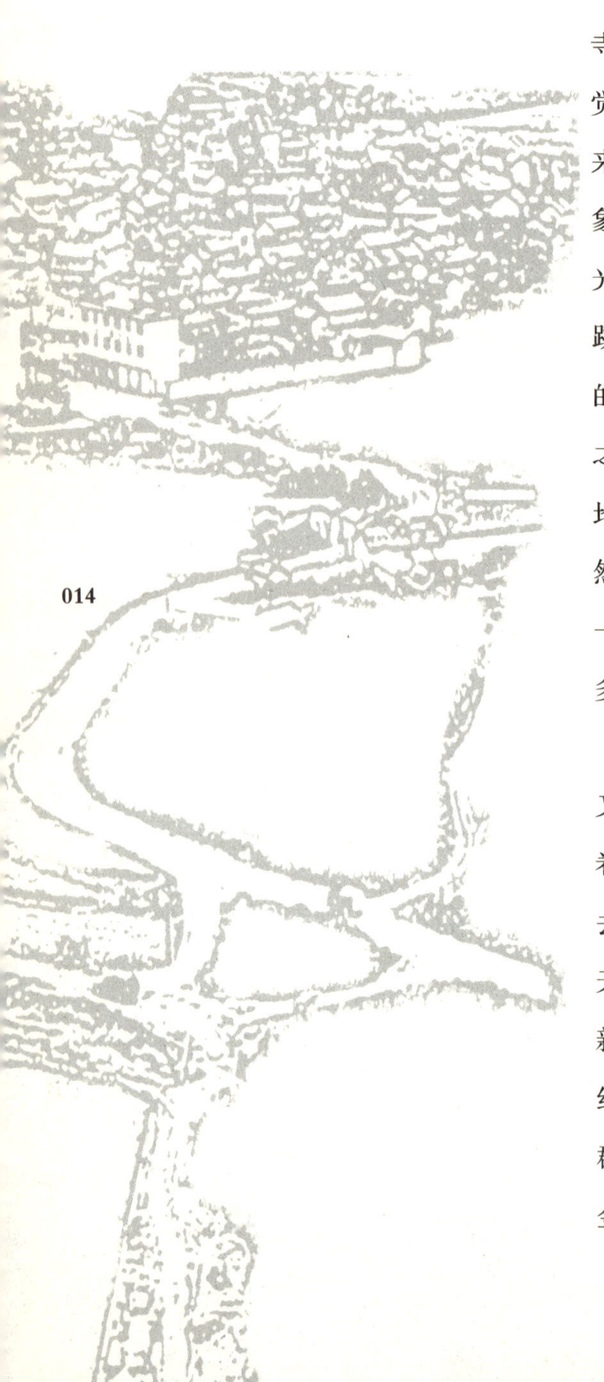

传说，象鼻子原与育德村毛寿坡相连，又叫象山相连。金鸡村像一朵莲花，故称象卷莲花。明万历年间清明节的一天，一家人去象山扫墓，时逢下雨，衣被淋湿。一会儿天晴阳光照射，上坟人均脱衣晒之，其中一新娶儿媳将所穿的红衣服脱下晒在石坟上面，红光万里直达皇宫金銮殿，金銮殿为此摇晃，群臣不安。直至扫墓者收衣回家，红光方收，金銮殿始安。皇帝让大臣查明真相。大臣奏皇帝说："红光起于云南永昌金鸡之象山中，且山中一风水宝地今后要出真龙天子。"皇帝为绝后患，即派武将邓子龙，到象山将该穴风水宝地挑掉（破坏地脉），以免此地真龙天子降世夺位。邓子龙到永昌，派象山周围村庄民工挖土并将其搬运它处，白天挖运，第二天其土却又归其位。邓子龙无法。幸一民工因白天上工地丢失一物，黑夜去找，忽听地脉神龙说："白天挖倒不怕，晚上挖就无法。"民工把听到的情况报告邓子龙，邓立即改为夜晚上工，该穴地脉终被破坏。由于破坏面积较大，象嘴与鼻子也被切断。象山土呈红、黄、白等五色，称五色土。因此地脉已被破坏，终于没有出一真龙天子。

如果说建筑与人文的融合是凝固的美，那么温泉与人文的融合就是流动的美。金鸡的温泉，缺乏腾冲热海的灼热与气势，也无龙陵邦腊掌热泉的集中与喧嚣，金鸡温泉是小家碧玉式的，水温适中，零零散散地分布。

一个地方的自然景观无论怎样美丽，如果缺乏人文历史的渗透和集结，那种美是残缺的，是缺少内涵的。因为只有人文与自然的深度融合，才会成就一个地方，赋予这个地方大气、深度、俊秀。金鸡单纯从自然景观来说，确实缺乏那种一见倾心的惊艳美，但当你徜徉在这块土地进行深入了解后，你会惊诧于这块土地深厚的文化积淀和众多的人文景观，而这些积淀的、尘封的、保存完好的或残缺的文化与人文景观恰恰弥补了金鸡自然美中不足的缺陷，使金鸡处处折射出历史、人文的光辉，透出一种意味深长的隽永来。将台寺位于金鸡村西一公里处营门村，建于明清时期。建寺伊始，寺内供奉的是刘、关、张、诸葛孔明和吕凯。金鸡是吕凯故里。寺前一旁有一棵苍枯的黄连树，相传此树为诸葛亮的手杖，繁茂

的大青树是诸葛亮的羽扇。寺、树将一个地方很好地与三国故事串联起来。而《三国志》里记载的“执忠绝域，十年有余”，被诸葛亮高度赞扬，后被封为云南郡太守的吕凯的故事佐证了这个传说的可信度。

金鸡还是保山一个著名的“陶乡”。明洪武年间，姬氏祖先在金鸡大规模制陶。今天的育德村东面的村庄叫窑上，就是因陶窑而得名。当时，从南京迁移而来的张姓善制陶，姬姓善烧窑，董姓为雇工，三姓被指定到黏土丰富的金鸡一带烧制陶器供军队用。他们把灰白的黏土放在塘里用水浸泡，经过牛脚踩踏、人手搓揉，使黏土变成陶泥，再把陶泥放到人力驱动的转盘上，陶匠巧运双手，陶泥便如变戏法样变成罐

盆坯子，晾晒后拿到窑中仔细堆砌，经熊熊大火煅烧三天三夜后出炉。制作陶器坯子，全凭陶匠的悟性和手感，一摊摊陶泥在陶匠手中变成各种栩栩如生的造型，是一种创作的直观体现。

特色小吃永远是一个地方自我推介令人百听不厌的广告。金鸡的特色小吃，在其厚重的人文和自然景观上添了一道香气四溢的风景线。金鸡寺建于唐玄宗天宝初年，明末清初著名的担当和尚云游至此，在金鸡寺挂禅讲经，感其金鸡水质鲜甜，就别出心裁创出口袋豆腐。其制作过程：先将金鸡特有的嫩豆腐压紧发酵，切成小方块入油锅中炸至半干形成脆壳，然后放入土碱水中浸泡，食用时放入锅中加作料、蔬菜煨煮，熟透后外形似口袋，外皮柔软有韧性，内部

金鸡寺一角

入碱变糊浆，雪白细腻，入口软嫩清香，味道妙不可言。从开始加工到入口食用，口袋豆腐共有三道加工工序，只有经验丰富的厨师方能掌勺。担当和尚离开金鸡寺外出云游时专门为口袋豆腐留下名联一副：嚼铁丸不费力气，吃豆腐须下工夫。非常贴切地概括了口袋豆腐制作的精细。金鸡的火瓢牛肉，选料地道，选择状如一个大勺的紫铜大瓢作锅，用栗炭作燃料。一锅牛肉端上桌，褐色的牛肉，鲜红的辣椒，油汪汪的牛油，令人垂涎欲滴。用筷子晃晃悠悠地夹着一块浸渍了花椒、辣椒等各种作料的牛肉喂进嘴里，立刻鲜得唇齿留香，饥肠辘辘的胃像怒放的鲜花舒张开来。等牛肉吃得差不多，将浸泡了金鸡温泉水长大的慈姑煮进锅里，碧绿的薄荷、白菜在咕咕浮着的牛油汤中软下身子，铜锅里又成了姹紫嫣红的盛宴，本已鼓起的胃又激灵一下，腾出一个空间，容纳了裹着肉香的蔬菜。夜幕降临，胃刚刚将火辣辣的牛肉消化，熊熊的炭火将腌渍了各种作料的鸽子肉烤得香气四溢，撕下一块喂进嘴里，意识和胃里都同时会涌起一个词汇：地道。

金鸡是一个著名的省级革命老区。1947年6月，金鸡人孟循时在金鸡育德村营门口组建了中共保山特别支部，播下燎原的革命火种。1949年4月15日，特别支部领导了武装起义，建立了保山人民政权和第一支武装力量。金鸡因此而成为一个省级革命老区，“红色金鸡”成了重要的历史文化底蕴，成为金鸡闪耀着金色的名片。

人们通常认为：一个地方如果风景俊秀，那么该地方就赋予了吸引人的“貌”，如果同时还有深厚的历史文化底蕴，那么该地方则有了与人心灵交流的“魂”。“貌”和“魂”有机结合，甚至深度融合，则深刻地赋予该地美丽、大气，成了既适宜人居的理想之地，又宜文人骚客心灵停泊的港湾。那么，具备了这样的条件，该地就是真正意义和纯粹意义上的物华宝地。这也与《论语·雍也》中“知者乐水，仁者乐

山；知者动，仁者静；仁者乐，知者寿”儒家追求的物化环境是一致的。真正和纯粹意义上的物华天宝，能使人在安居乐业的同时，还给人以哲人的思辨和圣贤的淡泊、闲逸、从容。

从“不韦”到金鸡，相同的地域空间，不同的人物交替。金鸡这座流放并随历史的风尘湮没的城池，土地依旧温暖，依稀留存着秦时的明月汉时的风。游者在此一次次徜徉后，真会萌发定居于此的感受。当然，产生想在金鸡定居的念头，不仅仅是香气四溢的口袋豆腐、火瓢牛肉和烤乳鸽的吸引……

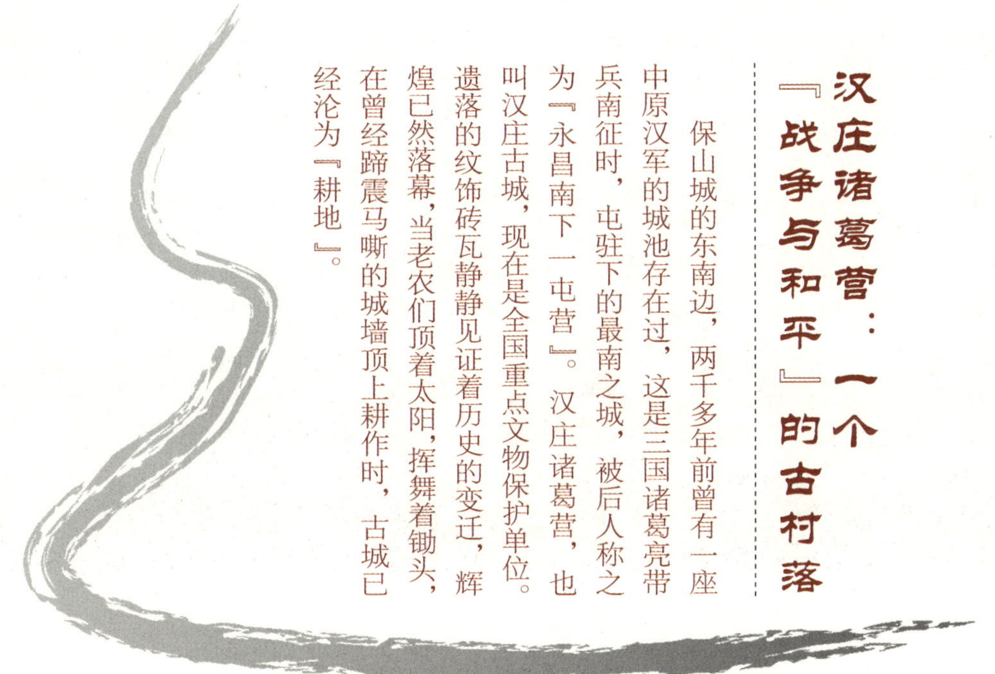

汉庄诸葛营：一个『战争与和平』的古村落

保山城的东南边，两千多年前曾有一座中原汉军的城池存在过，这是三国诸葛亮带兵南征时，屯驻下的最南之城，被后人称之为『永昌南下一屯营』。汉庄诸葛营，也叫汉庄古城，现在是全国重点文物保护单位。遗落的纹饰砖瓦静静见证着历史的变迁，辉煌已然落幕，当老农们顶着太阳，挥舞着锄头，在曾经蹄震马嘶的城墙顶上耕作时，古城已经沦为『耕地』。

“孟获生擒雍闿平，永平南下一屯营。僰人也解前朝事，立向斜阳说孔明。”

这是明代诗人曹遇笔下的《诸葛营》，形象生动地再现了保山汉庄诸葛营的来龙去脉，诸葛营乃诸葛孔明南征七擒孟获、安营扎寨之地，一代神明的大智大勇令边地夷人也神往前朝旧事，纷纷面对夕阳追忆诸葛亮鹅毛扇下的万般神话，万种风情。景仰之余，人们遂将居住的村落命名为诸葛营，因其所处的蜀汉时代，又称汉营。或许，这更是一块“战争与和平”的涅槃之地，美其名曰：凤凰村。

其实，早在东汉时期，这里就作为全国第二大郡永昌的郡城矗立

于保山坝子南部的广袤田畴之中，俨然一颗蜀身毒道（南方丝绸古道）上的璀璨明珠绽放异彩。1988 年，诸葛营的村民在那条祖祖辈辈踩踏过的堤埂上，愕然发现镌刻“建安四年（199 年）造砖”、“延熙十六年（253 年）七月十七日”、“元康四年（294 年）”、“长乐寿未央”等古代砖瓦和五铢钱，尤其那条看似筑堤蓄水的夯土古城墙，总长 1780 米，拱卫一座东西宽 320 米、南北长 375 米、占地 24 万平方米的古代城池。专家推断，此文化遗迹当属汉晋时期的永昌郡古城。由于到唐代，大理南诏国的崛起，皮罗阁在距离诸葛营不到两公里的太保山东麓易罗池畔，另建一座永昌节度使城，这座古城才被废弃。到了元代，基于农耕文明的需要，将往日的城池改造成一座水库，源源不断地蓄水灌溉田亩。据刻立于民国二十七年的武家屯“小海堰之两次堂喻碑记”载：“小海

堰原归武家屯所蓄水灌溉田亩，历经数百年遵例无更……缘诸葛营村东，有聚水海子一个，其海内田亩悉归诸葛营享有，每年于秋收完毕后，将水聚足，以做武家屯灌溉田亩之用。但武家屯决水灌田时，只准将海内沟渠空闲之水撤放。至海内田中之水，各归各田栽种，不准挖垦决流，以碍该田农事。历代以来，各无异议。”可见，汉营古城遗址数百年来一直当做季节性水库使用，城墙做水库的堤坝，年年培堤修缮，直至20世纪60年代，全国大搞“条田化”，水库完全废止，库滩辟成良田沃野，堤埂翻耕成村民的自留地，伴随着一道道深厚的瓦砾碎片积淀层的凸现，一座沉睡了两千多年的古城依稀浮出水面，露出汉砖晋瓦的庐山真面目。

诸葛营汉晋古城遗址的出土，为永昌古城揭开了神秘的面纱。据

常璩《华阳国志·南中志》记载：“孝武时，通博南山，渡耆溪，置巂唐、不韦二县，徙南越相吕嘉子孙宗族实之，因名不韦，以彰其先人恶行。行人歌之曰：‘汉德广，开不宾，渡博南，越兰津。渡澜沧，为他人。’渡澜沧水以取哀牢地，哀牢转衰。”不韦县的设置，多少带有汉武帝对风流丞相吕不韦的惩戒鞭笞，让其流放蛮夷边地的子孙永远铭记“先人恶行”。到东汉“永平十二年（69 年），哀牢王柳貌遣子率种人内属，其称邑王者七十七人，户五万一千八百九十，口五十五万三千七百一十一。西南去洛阳七千里，显宗（汉明帝）以其地置哀牢、博南二县，割益州郡西部都尉所领六县，合为永昌郡”。并委派“为政清洁，君长感慕”的“西部都尉广汉郑纯”为永昌太守。至此，永昌边地正式纳入中原王朝的版图。“绥哀牢，开永昌”（班固《东都赋》）、“俾建永昌，同编亿兆”范晔《后汉书》是中国历史上的一大

诸葛营遗址

盛事，举国同庆，礼乐天下，“奔走而来宾……春王三朝，会同汉京……尔乃盛礼兴乐，供帐置乎云龙之庭。陈百寮而赞群后，究皇仪而展帝容，于是庭实千品，旨酒万钟，列金罍，班玉觞，嘉珍御，太牢飨”（班固《东都赋》）。可谓空前绝后的盛世华章。

永昌郡的设置，使澜沧江以西的第一个封建政权不韦县转眼成为“东西三千里，南北四千六百里”、“西通大秦（罗马），南通交趾（越南）”的全国第二大郡。“辖八城，户二十三万一千八百九十七，口八十九万七千三百四十四，不韦（保山金鸡）、巂唐（漕涧）、比苏（云龙）、叶榆（大理）、邪龙（巍山）、云南（祥云）、哀牢（保山）、博南（永平）”（《续汉书》），管辖范围包括今天的滇西、滇南及缅北的广大地区，地域辽阔，物产丰富。据《华阳国志·南中志》记载：其地“土地沃腴，宜五谷，出铜锡，有黄金、光珠、琥珀、翡翠、孔雀、犀、象、蚕桑、绵帛、彩帛、文绣，又有貊兽食铁，猩猩能言……有大竹名濮竹”。如此富饶强盛的永昌郡，治所随着时间的更替而迁徙。东汉“建初元年（76年），哀牢王类牢与守令忿争，遂杀守令而反叛，攻巂唐，太守王寻奔叶榆。哀牢三千余人攻博南，燔烧民舍”（《后汉书·西南夷列传》），当哀牢土著人攻破永昌郡治所巂唐后，“次年（77年）汉章帝讨平之，郡徙治不韦当在此时”（《华阳国志·南中志》）。从巂唐迁至不韦，府城即建在诸葛营，一直到西晋元康九年（299年），吕凯之孙“祥子元康末为永昌太守，值南夷作乱，闽濮反，乃南移永寿（今耿马）。去故郡千里，遂与州隔绝”（《华阳国志·南中志》），永昌郡治在兵荒马乱中匆匆迁

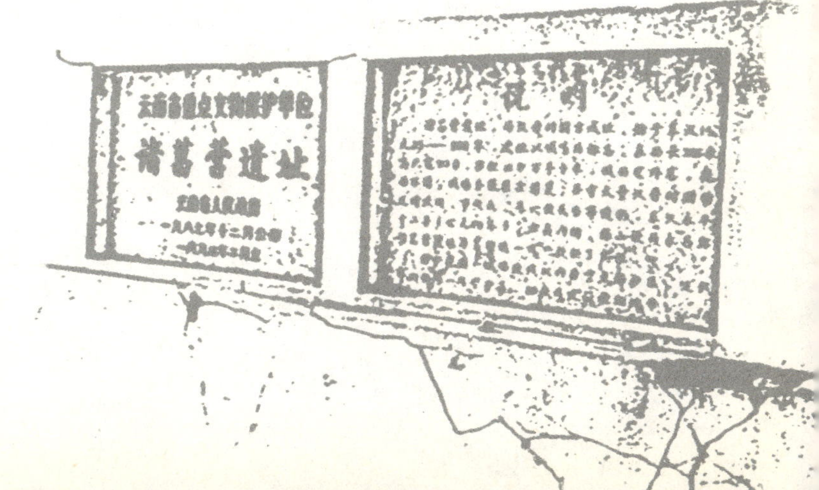

往耿马县，并与故郡地相隔千里。因此，古代史学家常璩称不韦县为“故郡治”，永寿县为“今郡治”。齐时，郡亦废，梁、陈亦未设治。“永昌郡，有名无民，空荒不立”(《南齐书·地理志》)。隋时，永昌属益州总管府地，诸葛营从东汉“建初二年（77年）……郡徙治不韦”，到西晋元康九年（299年）“南移永寿”，作为永昌郡治延续了222年。

诸葛营，一个以人命名的古村落，诞生了一座农庄上的古城池。不仅因为这里“宜五谷桑麻”，又是“金银宝货之地”、“殊方异域的集散地”，自古就属于“滇西粮仓”的重要组成部分，更因为永昌始终处于控扼滇西的咽喉地带，东有澜沧江，西有怒江，中有广阔的坝子，可屯集大量兵、粮，俨然一座巨型城堡，进可攻，退可守，历来为兵家必争之地，堪称中原王朝经营西南边疆民族地区的基地。《读史方舆纪要》形象地说，永昌“藩屏边索，控驭蛮夷”、“盖诚必争之地矣”。究其村名，明万历《云南通志》记载：“诸葛营，在永昌府城南十里，诸葛孔明南征屯兵之所。孔明既凯旋，汉人有遗于此者，聚庐世居，至今犹称为旧汉人。”这些“旧汉人”，“自称诸葛遗民，因以名村。元代揭奚斯有诗存志”。其诗曰：“桓桓潇湘君，双旌出永昌；下马城南祠，为公酹一觞。”徜徉于古城墙碎石瓦砾铺砌的土埂上，遥望“旗台墩子”、“粮堆”、“洗马塘（诸葛堰）”、“汉营走马观骑楼”等遗迹，一桩一桩前朝往事随着凭地涌起的诸葛堰水域，披挂斑驳陆离的累累伤痕，一波一波奔来眼底，颠覆你充血的眼球。“波流漂不尽，长时夕阳红”。多少征战归来的将士，或卸鞍饮马，放声纵歌；或解甲归田，谈笑风生；或煮酒论英雄，滔滔不绝，喋喋不休。倏地，又一个一个没入无边无

际的田野之中，静静地厮守他们用鲜血筑就的古城。

古城，是昨天的家园；家园，是今天的古城。在诸葛营考古出土的遗址上，继续寻找祖先使用过的刀锄斧铧，锅碗杯盏，虽然残留的只是一些痕迹，却是破译生命的大地密码。那些先辈们饲养的陶牛、陶鸡、陶鸭、陶狗，由于出于不同时期的主人，饲养的方法有别，体貌特征大不相同。唯有那只陶仓房和攒钱罐，默默印证了除诸葛亮之外，这里尚堆积许许多多富足殷实的祖宗。他们能征善战，躬耕桑麻，繁衍生息，把战争与农耕打造到炉火纯青的地步。《读史方舆纪要》载："志云，元初置明义军万户所，在今府治东，后为左千户所；又置四川军万户府，在今城南七里；又有蒙古军千户所，在城南五里……军营俱明初废。"天启《滇志》又载："明义军万户府址，在诸葛村后。蒙古军千户所址，在金鸡村后。回回军千户所址，在法明寺（诸葛营村

诸葛营晚霞

南）东南，后为中左千户所军营……俱建自元，国初废。”诸葛营四周散布大大小小的“武侯旗台”，当地村民称之为“中墩”、“马将墩”、“武将墩”、“张将墩”、“车将墩”，当年驻扎无以计数会打仗的农民，带着历朝历代的烙印，心里渴望和平，向往宁静的田园生活，却又毫不畏惧战争，不害怕死亡。和平的日子里，盘田种地，厉兵秣马；号角一旦吹响，催马上阵，剑拔弩张，浴血疆场。正是这迥然不同的两种身份，两种属性，使得诸葛营这个古村落绵延两千余年，在历史的长河中，筑成一座军营似的永昌古城。

城墙夯土层

诸葛营——在诸葛神明的庇荫下，静静地守望和平，千年、万年……

武侯祠：太保山的点睛之笔

三国蜀汉时期，刘备在白帝城病逝后，西南地方武装趁机叛乱。公元二二五年，蜀汉丞相诸葛亮经过认真准备，率领三路大军南下平息叛乱，史称『南征』。在征战中，诸葛亮严明纪律，不准滥杀无辜，以『攻心』之策平定南方，他的威名与恩泽传遍了整个西南少数民族地区。所以，人们纷纷修建祠庙纪念诸葛亮。保山城西面太保山上的武侯祠始建于明朝嘉靖年间，是保山各民族为追思诸葛亮当年平定南中叛乱而修建的纪念性建筑。

太保山给予了保山城灵气，武侯祠却是太保山的点睛之笔。对于诸葛亮有没有亲自到过保山，学术界一直争论不休。民国历史学家夏光南著的《中印缅道交通史》认为，诸葛亮是亲自到过保山的，并且到了腾冲附近。另外，保山当地也有“深厚的保山文化‘发蒙于武侯’一说”，于是大家对太保山的武侯祠情有独钟。

在普通老百姓的认识中，诸葛亮是智慧之神的化身，鹅毛扇一扇，高策妙计便横空出世。历史没有考证，诸葛亮是否真的像小说家写的那样聪慧，但历史却充分肯定了他为三国时杰出的军事家和政治家。他辅佐蜀汉的数十年间，对中国西南地区的统一和经济文化的发展作出的贡献是巨大的，至今西南地区仍保留着不少祭祀他的祠庙。这种礼遇既含着敬重又含着膜拜，对他恩威的敬重和对他聪慧的膜拜。少数民族亲切地称他为“阿公阿祖”，传说他们祖先的姓氏是“阿公阿祖”给的，房子也是仿“阿公阿祖”帽子造的，这可能是感激诸葛亮和他的军队给他们带来了先进的生产技术。而案桌上缭绕的香烟，却往往是膜拜者点燃的，谁不想沾一点诸葛亮的灵气使自己聪明一点呢？

太保山并不高大，但“山不在高，有仙则灵”。就在太保山顶葱郁的树林里，听着鸟叫，听着蝉鸣，嗅着花香，诸葛亮手持鹅毛扇安坐在武侯祠的神台上，享受着游人的香火供奉。他的两侧除了书童侍女之外，左侧是秦相吕不韦的后裔吕凯，而右侧则是永昌郡丞王伉，他们二人都是“义辅汉室”、“绝域执忠”的汉室遗忠。就在这并不算大的武侯祠里，他们二人忠诚的陪伴和守护着这位北来的丞相已经数百年了，或许他们怕丞相不习惯永昌水土，或许他们怕丞相寂寞，所以亲自侍候着。几百年来武侯祠几度破败，几度修复，太保山也因诸葛

武侯祠内景

亮的聪慧而香烟缭绕，灵气日增。现在登太保山的时候就常想起，新都状元杨升庵到保山后就居住于太保山脚下，而据史志记载，他来的时候太保山已经建起了武侯祠，他是否会经常登到太保山山顶，面对这位故乡来的丞相游思蜀中的山山水水。他是否会想到他的词“滚滚长江东逝水，浪花淘尽英雄……”会成了《三国演义》的开篇第一词，他的词会和丞相的艺术形象连在一起而深入国人的心中？只可惜现在太保山顶的武侯祠“门庭若市”，而太保山脚下的状元楼却少有人知晓。

保山故土的历史是深厚的，据考古证实，八千多年前就有古人类在这里繁衍生息，保山的先民曾建立过一个古老的国度叫做哀牢。哀牢后期就受到了中原文化的影响，但保山文化真正从夷文化到与汉文化的逐渐融合是“肇自汉武”。曾有一首古老的歌谣“汉德广，开不宾，渡博南，越兰津，渡澜沧，为他人”，让人耳熟能详。或许就是迫于这“汉德”，哀牢王看着汉王朝的先进与强大，向博大精深的汉文化妥协了，也说自己是龙的传人，九隆传说便是例证。东汉永平十二年（69年），哀牢举国归附了汉王朝。哀牢归汉在厚厚的中国历史上不能不说是一件大事，它基本上奠定了中国西南的版图基础。哀牢归汉后就得受制于汉王朝，汉王朝便设立了永昌郡，行政中心就在今保山市隆阳区，实行“羁縻之治”。“羁”字的意思是马络头，“縻”字的意思是牛鼻绳，这项政策带有明显的民族奴役性。而东汉王朝从刘秀之后皇室中似乎就缺乏当皇帝的料，各路诸侯统领天下兵马，到献帝时，汉王朝的气数已尽了。“刘皇叔”刘备三顾茅庐请出了诸葛亮，在诸葛亮的辅佐下渐成气候，打着“扶汉”的旗帜，割据南中。南中诸郡多是少数民族，诸葛亮制定了“西和诸戎，南抚夷越”的民族方针，实行“庲降”政策，派邓方为“庲降都督”统领南中诸郡。从《三国志》中“夷汉敬其威信”一句，我们可以看出诸葛亮的民族政策收效良好，但这些措施也遭到了一些图谋割据的汉族大地主和少数民族奴隶主的反对。建兴元年（223 年），他们趁蜀国对吴作战失败大伤元气加上刘备又刚死的机会，发动了全面的武装叛乱。益州大姓雍闿趁势杀了蜀国派来的太守，起兵叛乱。占据今贵州黄平一带的朱褒遥相呼应，占据今四川西昌一带的奴隶主头子高定也自立为王，叛乱席卷了整个南中地区。南中进入了一个血雨腥风的时代，蜀国政权岌岌可危。

雍闿暗投东吴公开反蜀，东吴孙氏便派使者授他为永昌郡太守，当时的永昌郡约辖今大理西部、保山市、怒江州、德宏州、普洱市、临沧市和西双版纳州等广大地区，是一块物产丰饶的宝地。若能借永昌太守之名，占领它，统一它，那广大的疆土和那丰富的物产无论是对战争还是对国家的意义都非同小可，也难怪兵家会对它垂涎三尺。但永昌郡原是蜀国的领地，雍闿只好对永昌功曹吕凯和永昌郡丞王伉等人威逼利诱，希望他们“良禽择木而栖”。

吕凯和王伉却闭境而拒，吕凯并以檄文相答，写下了义正词严的《答雍闿书》：“天下丧乱，奸雄乘衅，天下切齿，万国悲悼。臣妾大小，莫不思竭筋力，肝脑涂地，以除国难。伏维将军世受汉恩，以为当躬聚众党，率先启行，上以报国家，下不负先人，书功竹帛，遗名千载。何期臣仆吴越，背本就末乎？……”至今读来仍然荡气回肠，浩气凛然。

自古以来人民渴望和平与统一是历史发展的必然趋势。诸葛亮看着蜀国境内一片混乱，人心涣散，他清楚地认识到，如果放任雍闿等人的反叛分裂势力蔓延下去，蜀汉的政权将受到严重威胁，也直接妨碍北伐中原进而统一中国的计划，因此南征势在必行。经过积极准备，诸葛亮于建兴三年（225年）三月，派马忠率兵进攻朱褒，派李恢率兵直抄雍闿和孟获后方，他亲自率兵进攻越巂郡。

蜀汉大军扬起的灰尘应该可以遮天蔽日了，诸葛亮带着蜀国年轻一代的将领在阳光明媚的三月出发了，南征大军翻山越岭地来了。诸葛大军入滇之路，在四川一段，无大争议，自成都向南经建昌渡泸水。渡泸水之后的行程，在史学界却大有争议，据历史学家夏光南考证，应该是西经白崖至点苍山，沿着漾濞江至博南，渡澜沧江至永昌，直达怒江西岸腾冲附近。南征之中所遇到的重重困难，比起诸葛亮的战争方针策略似乎不值一提，他采用了“攻心为上，攻城为下，心战为上，兵战为下”的战

诸葛亮塑像

略方针，采取“不以力制”达到“心服”和“和抚”的策略。试问天下能有几人真正读懂了孙子兵法说的“以不战为战”，并能运用得如此高妙呢？

诸葛亮出兵不久，反叛势力内部就起了内讧。雍闿被高定部下杀死，孟获代替了他的位置。接着，蜀军又击杀了高定，形势对诸葛亮南征大军非常有利。同年五月，诸葛亮率军追击孟获。就是这个在《三国演义》里被小说家写得顽固不化的孟获，经过“七擒七纵”才臣服诸葛亮。倘若历史真有“七擒七纵”这回事，陈寿在《诸葛亮传》里肯定会把它当做诸葛亮的一大人生亮点而大书特书，但他却没有写这回事。不过孟获却是确有其人的，保山史志专家认为他是“永昌东北人”。在《三国演义》中，孟获计穷之时曾想用“毒泉”抵挡诸葛亮的南征大军。熟悉三国故事的人都记得，真正让诸葛亮大军遇到的是“哑泉”。《三国演义》中诸葛亮大战孟获之处是在西洱海以南的盘蛇谷，据说就在今怒江惠仁桥以东的打板箐与盘蛇谷之间。现在隆阳区蒲缥镇界内的盘蛇谷旁还有一个干涸的泉眼，立碑题曰“哑泉”，旁边还刻着“哑泉不可饮”。民国元老李根源先生曾游于此地，也认为这个盘蛇谷就是当年诸葛亮火烧藤甲兵之地。如果这样推断此盘蛇谷就是诸葛亮火烧藤甲兵地，那个干涸的泉眼真是诸葛亮大军所遇“哑泉”的话，那么《三国演义》里在“哑泉”西南可以让人马上变成一副白骨的“灭泉”，很可能就是龙陵的邦腊掌温泉或腾冲的“大滚锅”了。如此佐证，夏光南之说也就不无道理了。诸葛亮是天助之人，在这荒蛮之地，他也能逢凶化吉，只是不知他当年寻访到的能破解“哑泉”之难的高人又是何处人氏。

太保山的晚风把树涛拉得“呜呜”作响，仿佛回荡着当年诸葛亮平叛后被强制迁徙到内地的大姓豪强的哭声。平叛后，诸葛亮想对地方叛乱进行标本兼治，他要把有可能形成气候的大姓豪强都带回去，让他们生活在自己的眼皮底下，让他们离开“根据

地”，让他们不能干涉地方行政！于是北去的艰险道路上扶老携幼的大姓豪强留下了一路哀歌。他为了防止郡守势力过大造成割据危险，还把益州、永昌两郡分为建宁、云南、兴古和永昌四郡，大大缩小了郡县的范围，封吕凯为阳迁亭侯，任云南郡太守，封王伉为永昌郡太守。现在他们二人坐在丞相左右，不知他们的阴魂（倘若有阴魂）会不会后悔自己的愚忠，那阿斗能扶得起吗？

诸葛亮来得匆忙，去得也很匆忙，整个南征用的战术都是速战速决，前后只用了七个月左右，或许他不放心后主阿斗在蜀中主持朝政大事，不然，保山旖旎的风光可能让他会多逗留一些时日。因为他还要辅佐后主阿斗，因为他还想完成先帝北伐中原的遗愿，于是他匆匆地归去了，但他却把汉族地区的先进农业生产技术留了下来，留守的蜀军贯彻实施了他的民族政策，教会了少数民族使用牛耕技术，兴修水利，扩大耕地，让原来居住于高山密林中的少数民族徙居平地，让一代杰出政治家提出的

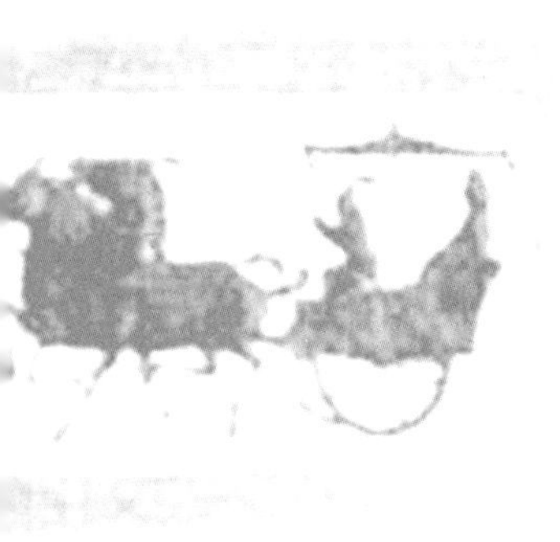

民族政策力透纸背。除此之外，他能留下的就是一些和他有关的地名与美丽传说，作为他恩威长存民间的见证。据说诸葛亮回去后，曾留下不少汉人在此“结庐而居”，想来当是保山最早的移民了。现在保山城南边的汉营又叫“诸葛营”，相传就是诸葛亮屯兵之处，当地百姓传说诸葛亮当年在汉营拴马的柳树桩都长成苍天古树了，让人不得不感慨世事沧桑。

现在，武侯祠每天都迎接着四方来客，武侯祠大门前的空地上也每天挤满了晨练的人，虽处青山一隅，诸葛亮并不孤独。

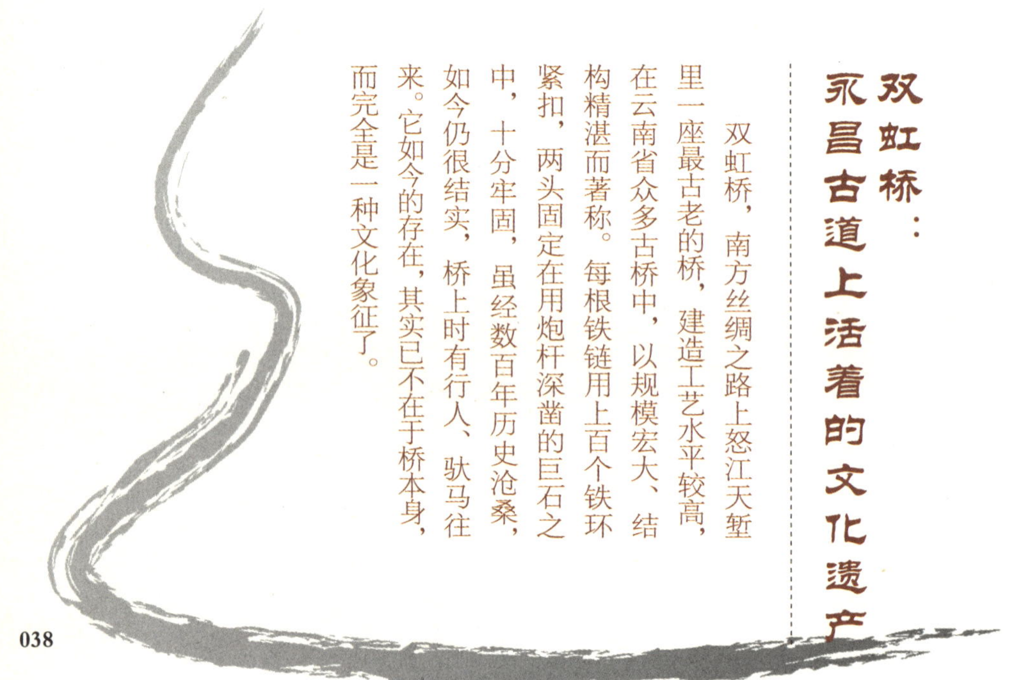

双虹桥：永昌古道上活着的文化遗产

双虹桥，南方丝绸之路上怒江天堑里一座最古老的桥，建造工艺水平较高，在云南省众多古桥中，以规模宏大、结构精湛而著称。每根铁链用上百个铁环紧扣，两头固定在用炮杆深凿的巨石之中，十分牢固，虽经数百年历史沧桑，如今仍很结实，桥上时有行人、驮马往来。它如今的存在，其实已不在于桥本身，而完全是一种文化象征了。

双虹桥位于隆阳区芒宽彝族傣族乡烫习村东南的怒江上。未建桥时，这里为南方丝绸之路永昌古道的重要渡口。清乾隆五十四年（1759 年）永昌知府陈升孝倡建此桥。利用江心巨型石礁为墩，分东西两段架设，东段净跨 67 米，共系铁链 15 根，底链 10 根，扶手链 2 根，桥面宽 3.1 米；西段净跨 38 米，共系 12 根铁链，底链 10 根，扶手链 2 根，桥面宽 2.8 米，桥总长 162.5 米。桥头关楼为穿斗式木结构飞檐建筑。双虹桥因桥身映入水面远观如虹而得名。

据说当初修建双虹桥时桥址不在现在的位置，而是选在了距现在

的桥约400米左右处的江湾——老勐塘江湾，但后来为什么又改址修建呢，有这样一个传说：

工匠们在江湾处选好桥址，开始建桥墩，他们把一块块巨石破开，用錾子凿得有棱有角，一块块砌上去。工匠们挥汗如雨，顶着亚热带灼热的太阳干得异常辛苦，天黑收工时，桥墩已砌起一大截，不料第二天清早起来，昨天砌好的桥墩消失得无影无踪。

木棉花红 ┊ 古道马帮

工匠们百思不得其解，但毫不气馁，继续砌，不料第二天、第三天……清早起来，都发现头天砌好的桥墩不见了。工匠头大发雷霆："他妈的是什么怪，今晚我来守着，看看是什么东西作怪。"

当天晚上，工匠头隐蔽在桥墩不远处睁大眼睛盯着桥墩。天上一轮弯月俯照着奔腾不息的怒江，工匠头在眨眼之间，根本没听到脚步声，却见一个手持锃亮拐杖、皓首白衣的老妇人立在桥墩上。老妇人用脚跺跺桥墩，手中的拐杖敲击着石块说："这些蠢匠，离此不远处有个天生地就的架桥之处，你们不到那儿建桥，却到这里瞎搞，到处弄得鸡飞狗跳的。"说完，老妇人用脚踢踢桥墩，砌好的石块纷纷落入水中溅起一束束浪花，躲在暗处的工匠头吓得噤若寒蝉，偷偷一看，老妇人早已没了踪影。

第二天，工匠头溯江而上，果然找到一处自然而生、天造地设的架桥处。工匠头率众到此重建，故有了今天的双虹桥。

据说，那皓首白衣的老妇人是怒江龙王变的。

双虹桥又名双猴桥，来源于这样一个故事：清乾隆五十四年（1759年）建起此桥后，还未等到永昌知府陈升孝等官员来"踩桥"（桥竣工落成的一种典礼），怒江东岸就有两只猴子手牵手蹒跚过桥，因为此桥最先由两只猴子过桥，故又名"双猴桥"。

双虹桥经历数次被毁重建，咸丰九年（1859年）毁于兵燹。民国十二年（1923年）罗明、蒲缥等地人重建。民国二十二年（1933年），保山知事符廷铨等人重建后又毁。中华人民共和国成立后，分别于1950年和1980年两次重修。1991年，双虹桥被列为市级重点保护文物，1993年11月升格为省级重点文物保护单位。

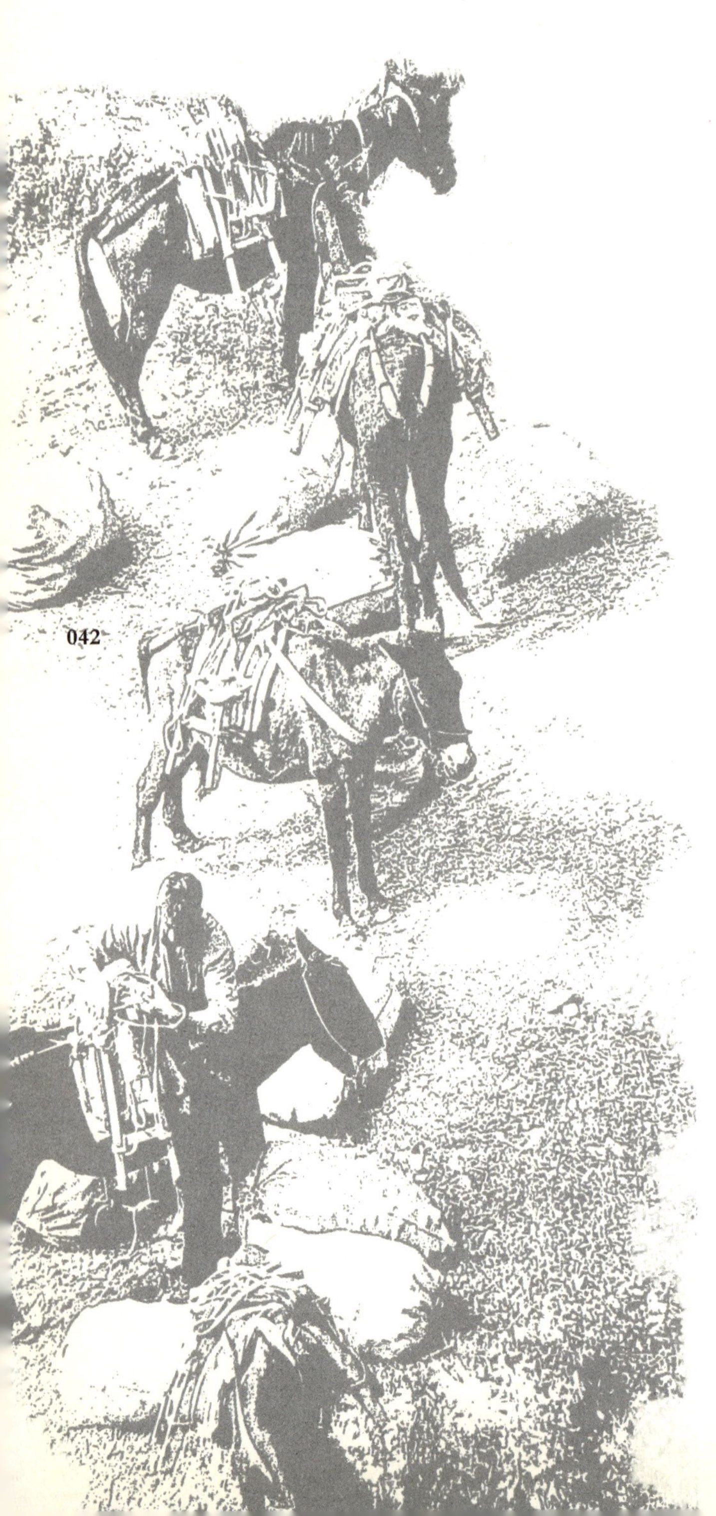

双虹桥桥头成了一个物资集散地。桥建成后，烫习村附近的居民及怒江东岸的居民都到此赶集，集市命名为双虹桥街。街址位于双虹桥西段上的平地，街道顺江而下，两旁各有20多间房子，有商贩长年居住，也有商旅短期住宿，每5天一街。怒江两岸的杨柳、芒宽和潞江等乡的居民都去买卖交易，一度是最兴旺的集市（直至中华人民共和国成立前夕，双虹桥街才停市）。双虹桥几经沧桑，与钢筋混凝土的现代桥梁相比，被岁月磨蚀得锈迹斑斑的铁链和日渐腐朽的桥面，一如沉睡百年的出土文物，老态龙钟，远没有现代桥梁的雄伟华丽，但是，它却以粗粝的外貌屹立怒江数百年岿然不动。礁石垒起的桥墩被江水冲磨得七形八状，有的利如犬牙，有的钝如圆球，有的扁似河蚌，有的瘦如老妪，有的胖如壮汉……礁石的嶙峋是自然界鬼斧神工的杰作，透露出一种浑然天成原汁原味的灵逸。

历经数百年风雨的双虹桥几经修缮，至今仍是隆阳区杨柳乡通往芒宽乡的主要交通要道。如今散落在隆阳区西山片的马帮虽无昔日南方丝绸之路鼎盛时期马帮的规模，但仍能让人在马帮铜铃的清脆声中抒发对昔日古道的幽思。在渐失繁华之后，双虹桥像个孤独的老人年年肃穆沉思，以一种百年沧桑的姿态在风尘飘飘的南方丝道中成为一部永恒的无言历史。从清乾隆年间至今，在近 300 年的风雨中，双虹桥留给人的是多元的感悟，比如沧桑，比如质朴。而在所有的词汇中，"活着"的古桥可能是最能触及本质的词汇，毕竟，"活着"是一种往昔与现实的比照，是一种功能发挥的常态。

桥是路的伴侣。桥与路的关系，颇有点鱼与水的相互依存。路是桥的延伸，桥是路的补充，理解这点，就不难理解民间在祭祀各种神灵的时候，桥神和路神为什么会在一张纸上，为什么会成为并列的两位神。因此，在对于一座桥的感恩与怀念中，必须再怀念一条路，否则，这种怀念便成了虚无缥缈。从这个意义上来说，路与桥的关系是乎可以概括为"源"与"流"的哲学辩证关系。怒江上飘摇的双虹桥因一条路而诞生，因一条路而辉煌，也因一条路而成为活着的文化遗产。这条路，就是尘封在历史发黄的页册中，鲜活在民间物质或非物质媒介中的永昌古道。

双虹桥飞架怒江两岸，天堑变通途，加速了人流、物流、信息流的畅通。历史上，丝绸之路曾是把东西方世界连接在一起的桥梁。中国的丝绸曾经被认为是世界上最美丽最富于想象力的"作品"，运输丝绸的道路，应理直气壮地冠名为丝绸之路。保山自古以来就是滇西重镇，是古哀牢国的首邑。西汉元封二年（公元前 109 年）就设置了不韦县；公元前四世纪中叶已开通了中印经济通道——蜀身毒道；东汉永平十二年（69 年）设永昌郡（为当时全国第二大郡）。西南丝绸之路在西汉时称为 "蜀身毒道"，它起于四川省成都市，止于现在的印度，其线路由灵关道、五尺道和永昌道组合而成。灵关道和五尺道都是国内的道路，并都终于云南的大理。永昌道是一条国际通道，它承担起最后的连接国内外的使命。其线路为：大理—永平（古博南）—保山（古永昌）—腾冲（古腾越）—缅甸—印度。南方丝绸之路永昌古道西越兰津古渡霁虹桥进入现保山地区，然后分南北两路出境。北路经汉庄青岗坝、杨柳、双虹桥、百花岭过南斋公房越高黎贡山抵腾冲曲石。

如今行走古道，踏着爬满翠绿苔藓的石板，摩挲脚板的是不知飘零了几千年的落叶，苔藓与落叶掩盖了古道昔日的传说，偶尔能看到石板上嵌入的半圆形马蹄印，间或能拾到锈迹斑斑的马掌，似乎还能

触摸到厚重历史的一页：一队队马帮在马锅头和马帮汉子的吆喝下走过险象环生的古驿道，把文明和希望一站站传递下去，清脆的铜铃和马蹄错落有致的声音一直响彻几个世纪……长长的古丝绸之路，就是一条长长的文化之路：中原文化、异域文化、少数民族文化在这里交汇、碰撞、融合，形成文化多样性。而双虹桥从建成起，就以永昌古道与怒江天堑处的关键接点“身份”在此“蹲守”，从雄姿新颜历练成老态龙钟，承接了时光、历史、文明的磨砺后，成了漫漫永昌古道上一座活着的文化遗产，一幅触手可及的人文印象。

侍郎陵：保山文化甯粹

在保山甚至云南文化史上赫赫有名的张侍郎张志淳，随着一座规模宏大墓葬的发现，许多关于他的历史谜题得以解开。随着考古研究工作的顺利开展，一段历史也跃然纸上。经过保护修缮的张侍郎陵，将会成为保山文化旅游的一方胜地，供人凭吊一段历史。

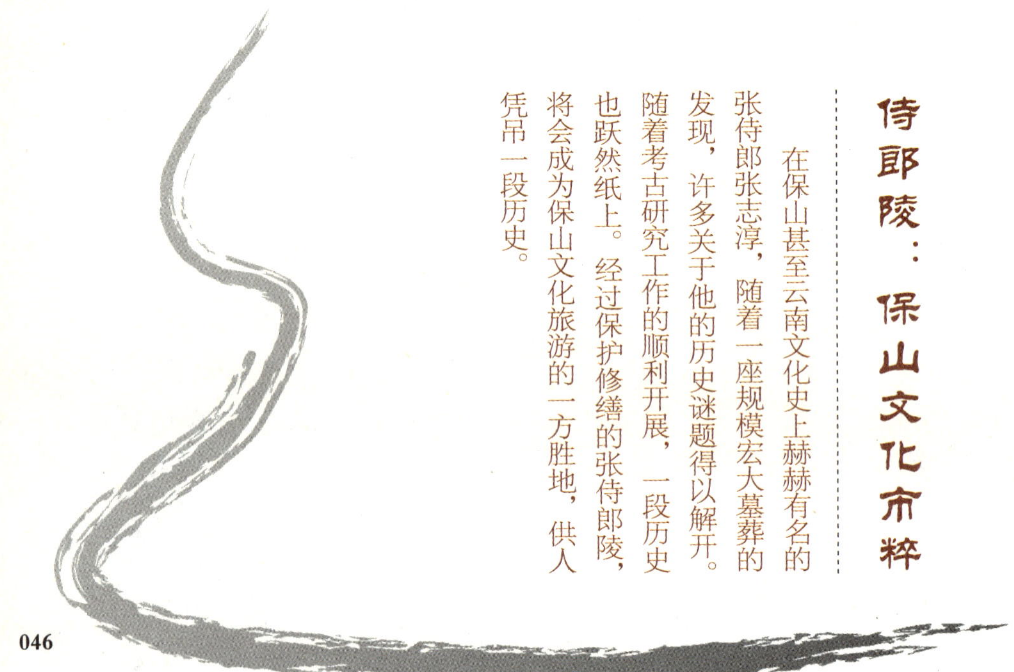

张侍郎墓引起的第一次轰动，时在2004年春天。令人惊异的墓葬和干尸发现人，是两名青年学子。那年2月15日晚上，他们在隆阳区汉庄镇庄房村，听到一位老人讲述了30多年前在高峻的张家山坳地中，看到一院辉煌壮观的“大人物坟墓”，叫“张大坟”。第二天清早两人出发去寻找，在大山中绕行到下午3点钟，终于进入了周围长着上千棵杞木树的大墓“府院”。大墓府、院已遭被盗、破坏，但仍显现着昔日的辉煌。被炸开的大墓露出两洞中有三口棺材，北洞中的两口是双层棺材（棺与椁）。北洞南棺中一具完整的黑色尸体把他们吓了一大跳，用木棍敲击尸体肌肉还有弹性。他们根据所学历史知识，推断是古人

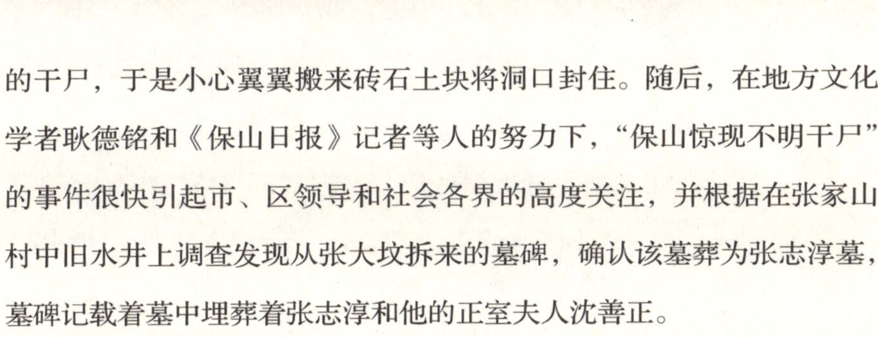

的干尸，于是小心翼翼搬来砖石土块将洞口封住。随后，在地方文化学者耿德铭和《保山日报》记者等人的努力下，“保山惊现不明干尸”的事件很快引起市、区领导和社会各界的高度关注，并根据在张家山村中旧水井上调查发现从张大坟拆来的墓碑，确认该墓葬为张志淳墓，墓碑记载着墓中埋葬着张志淳和他的正室夫人沈善正。

2007年元旦，“明代高官张侍郎墓葬及古尸展”在保山市博物馆闪亮登场，从而重新奏响了张氏一家的生命凯歌，再度成为社会各界共同关注的一个文化焦点。开展10天，每天专程来这个展厅的观众达二、三百人。展览本身的文化含金量是赢得观众的根本因素，它是博物馆多年来少见的高品位专题文物展览，展览陈列虽显拥挤但具有很强的视觉冲击力。公众的关注，也反映了人们在物质生活不断提高的同时，对地方历史文化的叩问和渊源的诉求正逐步成长为大众氛围。有位观众开玩笑说：“这个展览不仅使我们活着的人高兴，我还听到了张侍郎

陵前石翁仲

一家在地下的笑声。”

说到这里，可能有人不禁要问，张侍郎张志淳到底是个什么样的人？张侍郎在保山是个家喻户晓的历史文化名人，民间还流传着很多张侍郎的故事。

张志淳（1457—1538）是一代名臣，他和他父亲张昺、大儿子张含、小儿子张合，都是才识品德极其优异的明代学者。

张志淳的先祖是应天府（今南京）江宁县的官宦世家。他的曾祖张杰因无罪而受连累被遣送永昌，后经奋发创业和刻苦学业兴起于保山。他父亲张昺是保山明代建学初期的一代名师，有《地理撮要》、《纯庵稿》等重要著述，又是保山万民称颂的慈善家，“家日饶裕”后支持兴办学校，并“以千金置义田于蒲缥”，对生活贫困“不能婚、葬者”都给予接济；对无依靠的孤儿都安排住所，教学技艺，长大后为之婚配；“孀居者皆有常给”；而且行善之后不愿让人知道，拒绝报答；对家族中有不良行为的人严加教育管束，“必令改之而后已”，特别反对酗酒。

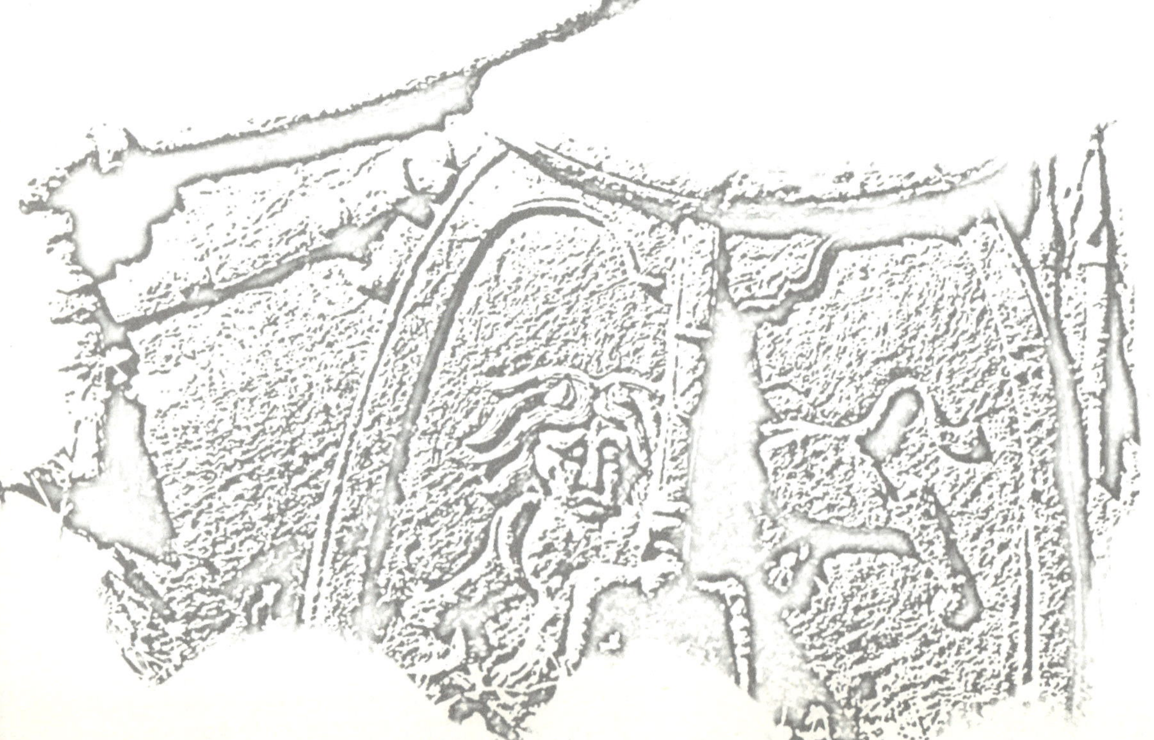

张志淳号南园，世称张侍郎。出生于永昌府城（今保山城）。自幼聪慧好学，酷爱诗文书画。22岁到省城参加乡试中举第一名，称解元。26岁进京参加会试中进士（明、清会试录取进士以300名为常额）后，又接受皇帝亲自主持的殿试，殿试的主要内容是“时务策”即治国之策。殿试录取分为三甲：一甲3名“赐进士及第”，二甲三甲10余名、数10名，二甲“赐进士出身”，三甲“赐同进士出身”。张志淳高中二甲第4名。其后在朝廷做官20多年。明代中央政府共设6个部，早期首都在南京，首都迁往北京后南京作为“留都”。张志淳前期在北京，任职于主管全国文职官吏考选任免并“居六部之首”的吏部。部下设4个司，他先任文选司主事（属官），后“考绩进阶”升至郎中（司的长官），又任地位、资望仅次于尚书（6部长官）的太常寺卿，后期在南京任户部（掌管全国土地、民政、赋税、财政）、工部（掌管全国工农业生产、建设）侍郎（部的副长官）。他一直忠勤政事，清正廉明，身正不怕邪。他坚决抵制宦官刘瑾奸党舞弊乱政，清除那些损害国家人民利益的庸贪分子，选拔任用德行、能力两佳的人才，革除吏治弊端。任职太常寺卿时，他针对“八馆子弟多贵族，率寄空名”混学历的恶劣状况，制定规章严加整顿，使这些贵族子弟“各肄其业，敝习一变”。大家知道他严于律己，言行一致，从来没有人给他送礼求情。他在两京政声显扬，朝野称赞。但到刘瑾在朝廷专权后，原来因为张志淳揭露其劣迹而丢官的奸险贪腐分子张綵，“以重贿”被任职吏部侍郎，张志淳被刘、张报复诬陷解职。后居家27年，在家潜

侍郎陵前石象生

心著述，同时仍关心家乡兴革发展。胡渊任金齿镇守使（在今保山）后，撤销了永昌府建制，改设“军民指挥使司”，趋向军事专制，一度政局混乱，张志淳大力支持了罢镇复府的重大改革。他的主要著作有诗文、论著《南园集》、《西铭通》和云南最早的地方风物志书《南园漫录》、《南园续录》、《永昌二芳记》等80余卷，为推进地方文化发展作出了重要贡献。明世宗诛灭刘瑾奸党后，于嘉靖十六年（1537年）派遣职官到永昌慰问了张志淳，张获变相平反。嘉靖十七年张志淳以80岁高龄病逝，讣告万里入京后，嘉靖皇帝命工部“营葬”，礼部“谕祭”，这位远在西南边陲的老臣享受了国葬殊荣。葬地原名黄竹山（因产黄竹得名），曾改为孝友山，入葬张氏后改名恩庆山，俗称张家山。

张侍郎在民间留下许多不老的传说。流传最广的一个故事是：他把生活贫寒的老师杨象山从永昌接到南京供养，老师辞归时他馈赠养老金，老师坚辞不受，他就赠送老师数匣墨和数10支笔，在墨和笔中包装了金子，杨象山回家发现后，还用来周济了一些人。另一个故事是：张志淳终老前对子孙说：“张家的后人如果穷了衣食无着，可以吃桌子穿板凳。”子孙不明其意。到桌凳磨损破烂时，看到里面都包着金银，张家的贫困户都得以解困。再一个故事是：安葬张志淳时，砖瓦等大量建筑材料，要从诸葛营运到几十里外的高山上，城内外的人争相前来出力帮忙，接力传运的人从坝子中一直连接到高山上。更有意思的一个是施甸木老元等各地布朗族家喻户晓的故事，说他们的祖先是隆阳九隆池（易罗池）的小白龙，小白龙后来变成了张侍郎。小白龙和施甸黑龙河老黑龙大战，打不过老黑龙，布朗人就雕制了一条木龙助战，大败老黑龙后木龙落在了山洼中，布朗人为纪念木龙而将地名称为木龙园，后因龙老音近被写成木老元。

张含少年时代就大显诗才，往往出句惊人，被称永昌神童。跟随父亲进京后，拜文坛领袖李梦阳为师，与一代文豪杨慎等结为世交，更显才情高超，诗作别具风骨，自成一家，京都诗界称誉备至。但就在他中举不久，父亲就遭奸党诬陷排斥，继而蒙冤解职，回家后他也曾被连累拘押。到朝廷通知他赴京接受任职时，他丝毫无心当官；被父亲催促上路后，将近京城时他又踅回家来了。他说："当官是为了实现自己的志向，但当官未必能实现自己的志向，我只有回到太保山下的明诗台，才能抒发豪情，展现志向。"他天天有新作，每年编成新的集子，声誉遍及省内外，被称为"一代诗豪"、"海内诗翁"和"云南首席诗翁"。传世佳作有《张愈光集》等诗、文15卷。

张合自幼"嗜学"，"九岁能诗"，16岁中举第一名（解元），26岁进京会试中进士，殿试中二甲第6名。历任户部主事，吏部员外郎（司的副长官），又先后出任福建、贵州、湖广按察司（巡察考核官吏和司法刑狱的机构）副使等职。他像父亲那样忠勤职守，清正廉明，请客送礼他一概拒绝，"居家不谈公府事"，政绩卓著。回到家乡，正值永昌府清查少数民族田地引发社会动荡，他提交5000字的建议被府官接受后，迅速安定下来。他的《贲所诗文》、《宙载》等政事、文学著作，联系历史引导未来，"为时人所重"，后由他的第五代孙子张辰刊刻出版。

省、府史志称赞张氏父子为"南纪之英哲，滇中之机云"，他们的确可称为当时中国南方的精英。他们的很多著作被收入了《云南丛书》和《四库全书》。

张志淳和两个儿子的成功，在很大程度上有赖于他两位夫人的强劲支持，特别是正室夫人沈善正。两位夫人都出身于官宦世家，和张志淳同岁的沈善正嫁到张家时，上有公婆，下有八九个兄弟姊妹，张志淳一心扑在读书应考的前程中，她很快担起了"综理家务"的重任，使张志淳"心无家虑"，顺利完成课业和参加乡试、会试和殿试。张志淳远赴外地做官20多年，孝敬公婆，教养子女，管理仆婢，和睦族邻，全家人的衣食住行、婚丧嫁娶，都由她通盘操劳。张志淳"居家三十年"

也“以内事一付淑人（沈善正）”。其中有两件事她贡献特大，一件是培养教育张含、张合。沈善正比狄印真大23岁，狄印真15岁嫁张志淳，生了张含后，沈善正像亲生子女一样疼爱。张含3岁身患“惊疾”，沈善正悉心照看、医治，直至痊愈。另一件是张志淳父子遭受政治陷害时，她为他们消灾弭患，支持他们继续奋进。张志淳被排斥出北京后，沈“欣然为之治装”以赴南京，张志淳甚感欣慰。张志淳在永昌遭“群小诬构”、张含冤枉坐牢时，沈善正一边安抚家中老少，一边抵御外侮，成为共渡难关的中流砥柱，她因此被永昌人称赞为“女丈夫”。沈善正逝世后，孙子张梧万里远送讣报入京，嘉靖皇帝“赐祭葬”、“命开壤如例，仍谕祭一坛”，张志淳夫妇合葬是皇帝的旨意。

狄印真为人谦和谨慎，非常勤俭，照料家务与沈善正配合默契。她经常管办食饮招待、祭祀、“诸婢纺绩”等事，不辞辛劳。张志淳每夜“督视”张合读书，困倦时狄氏即为之“挑灯”，夜寒时为他们加衣。张合会试未中羞惭气馁，狄氏用农民歉收仍要勤力耕耘争取丰收来开导他，并引导他更专心地读书备考。张合赴考，妻子随行照料，狄氏给予了张合之妻很多具体指导。张合中进士、妻子生儿子都立即“书报”狄氏。狄氏屡次书信告诫张合做官要勤政、廉洁、谨慎“以奉父训”。狄印真53岁病逝，吏部尚书李时、户部尚书许赞等为她所做的墓志铭中，说张合“事君、文学、行谊（交际）”都像张志淳，这与狄氏的教导是分不开的。

交代了张侍郎墓主人的身份与生平，我们再回到墓葬本身上。

张侍郎的墓葬被发现时，墓中文物被洗劫一空，尸骨、毛发、碎布、棺屑、破碎砖石在凄风荒草间一片狼藉，盗墓贼撕烂了历史文化，扯断了近500年的一根根历史锁链。令人欣喜激动的是，呈现在眼前的是滇西稀见的一个珍贵的明代历史文化，它虽已伤残，但仍保存着庞大的躯体，这个文化的形貌还可以完整复原。发现张氏陵墓后，迅速引起各级领导的高度重视，市、区、镇党政领导迅即上山实地考察，先后批拨经费调查发掘、收存干尸并制作了展览。

“陵”原本专称皇帝坟墓，但近现代其含义已大大延展。有地方文化专家以为张大坟不妨改称“张陵”或“侍郎陵”。从文化遗产价值评估的角度来说，张氏陵院是永昌境区现在唯一保存的、形象直观的、独特的历史文化景观，它蕴存着丰富的历史信息和社会民俗知识，具有强大的文学、艺术和审美感染力。经过几年的努力，“明代户部右侍郎张志淳陵墓保护修缮工程”于2012年正式动工，目前主墓已经修缮完毕。

相信不久的将来，复原后的“侍郎陵”必将成为影响力、吸引力很强的文化旅游景区。

修复后的侍郎陵主墓

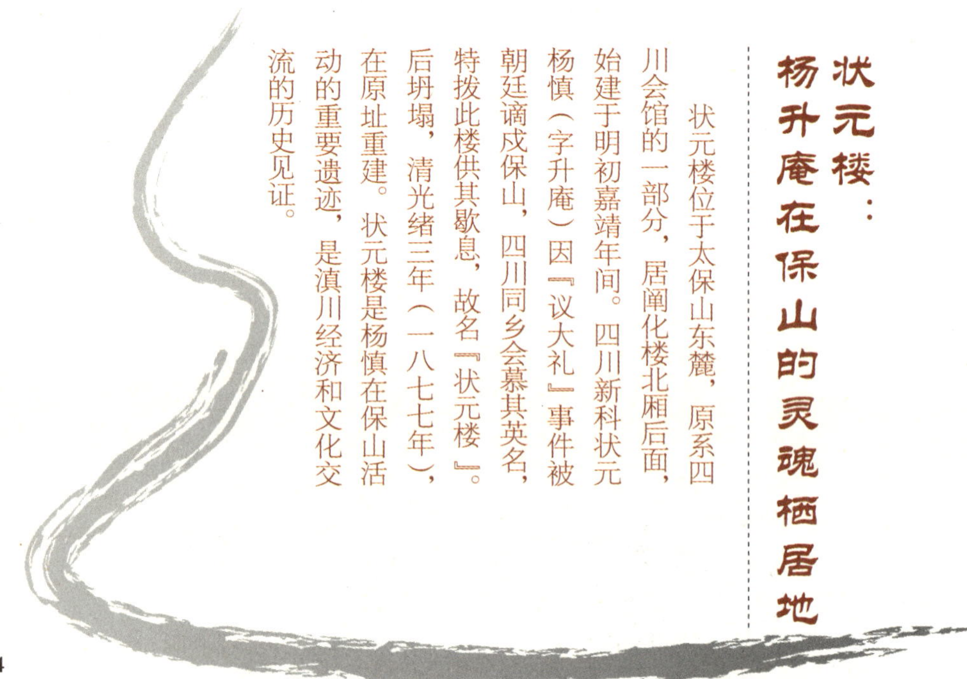

状元楼：杨升庵在保山的灵魂栖居地

状元楼位于太保山东麓，原系四川会馆的一部分，居阐化楼北厢后面，始建于明初嘉靖年间。四川新科状元杨慎（字升庵）因『议大礼』事件被朝廷谪戍保山，四川同乡会慕其英名，特拨此楼供其歇息，故名『状元楼』。后坍塌，清光绪三年（一八七七年），在原址重建。状元楼是杨慎在保山活动的重要遗迹，是滇川经济和文化交流的历史见证。

状元楼只是一间没有楼的房子，称其为楼是因为它与一位状元联系在一起，位置就在太保山山麓玉佛寺东面即隆阳区一中的篮球场旁。

据说杨升庵谪贬保山后住的戍所就是太保山山麓装兵器的“甲杖房”，后来，四川商人为了纪念新都状元杨升庵，在杨升庵谪贬保山后居住过的戍所的基础上修建了状元楼。状元楼旁边就是四川会馆，这些四川商人就在状元楼里寄托他们的思乡之情，为奔波疲倦的灵魂找到一个休憩的寓所。

在《三国演义》里，罗贯中把一个风云动荡的时代写得气势磅礴，把一群生活在刀光剑影里的男儿写得一个个雄赳赳气昂昂，成功地塑造了一群时代的弄潮儿，但他在卷首语援引的开篇第一词《临江仙》中，却又洞穿了人世红尘：

“滚滚长江东逝水，浪花淘尽英雄。是非成败转头空。青山依旧在，几度夕阳红。白发渔樵江诸上，惯看冷月秋风。一壶浊酒喜相逢。古今多少事，都付笑谈中。”

或许很多人会以为这首豁达的《临江仙》是罗贯中写的，其实这首词是援引杨升庵的。杨升庵就是杨慎，“升庵”是他的字号。说起杨升庵，很多保山人会感到既亲切又熟悉，杨升庵是被称为“明代著叙第一”的博学家，一生涉猎历史、文学、医学等多个学科，写出了百余部作品。而这样一位多才多艺的状元郎却遭贬谪到当时正是“烟瘴之地”的保山，整整36年，他在这里度过了他生命中二分之一的时光。

著名散文家余秋雨有一篇散文叫做《苏东坡突围》，文章讲了苏东坡遭谗言而谪贬黄州，在黄州却能自省成熟，完成了艺术才情与人格的升华。其实苏东坡与杨升庵两个人的际遇很相似。想起了杨升庵，

想起了状元楼。遭谪贬流放“烟瘴之地”的保山，不能不说是对一个有着高起点且刚步入仕途的状元郎的莫大痛苦与劫难。但他到保山后却有了深入民间的机会，并能同边疆各族人民亲密相处，研究保山及滇西的方方面面，创作出百余部作品，把保山写得山灵水秀，使保山“文献名邦”的称号因他而厚实了几分，他自己也因谪贬流放保山这36年而完成了艺术才情与人格的升华。这难道不是一种“突围”吗？杨升庵与苏东坡的人生经历是相类似的，只不过苏东坡到黄州时还有一个极卑微的官吏身份，杨升庵却只是一个“永远充军”的罪卒。杨升庵就在保山完成了他的“突围”，他谪贬保山后的戍所状元楼的历史文化

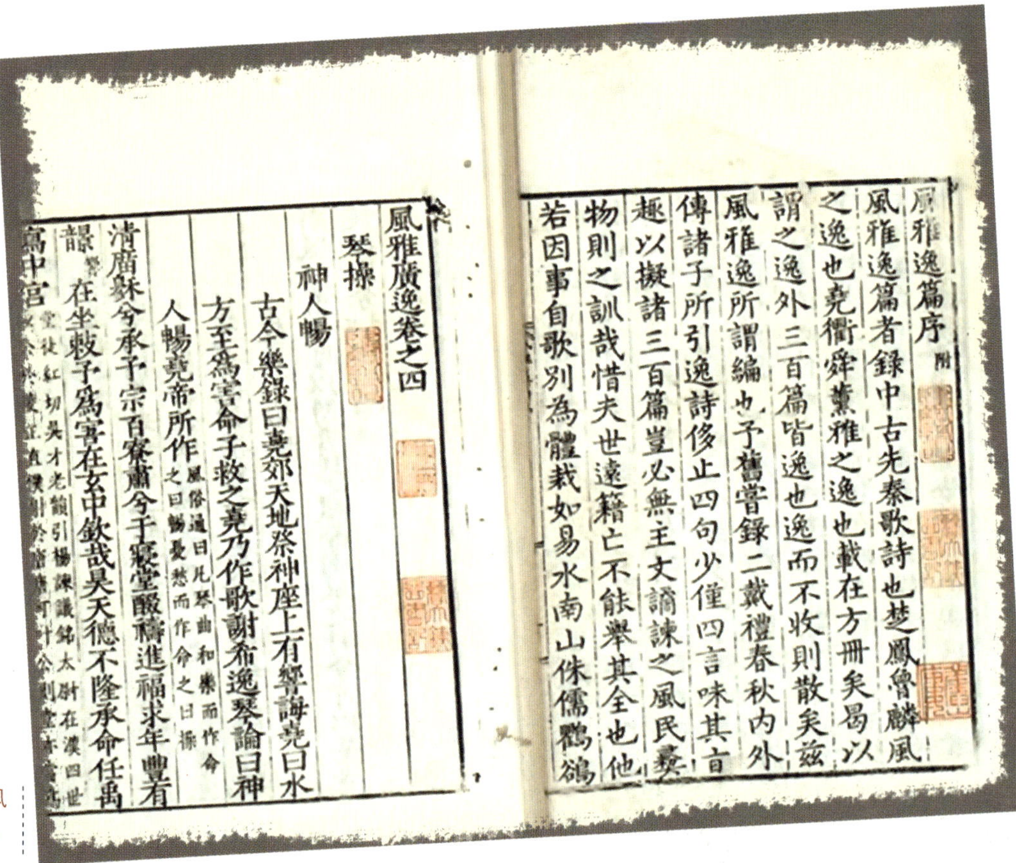

杨慎编《风雅广逸篇》

意义也因此而显得重大了。

去凭吊状元楼要从玉佛寺的院门转下去。站在玉佛寺门口的台阶上凭栏眺望保山坝子，保山城里建筑物的玻璃窗反着光，像一朵朵璀璨而炫目的花。东面远处的哀牢山是青色的，仿佛是一位老者横卧在那里，再远处便是灰蒙蒙的看不清了。保山是西南开发较早的一个地方，虽然“天高皇帝远”，但因为是西南丝绸古道上的一个重要枢纽，已经被中原来的汉文化渗透同化了。杨升庵与保山是有缘分的，他的父亲杨廷和与从保山出去在朝廷做官的张侍郎张志淳私交密切，杨升庵被贬谪到保山后又与张志淳之子张含结为莫逆知交，两人曾写下了数百首唱和之作，保山已经成了他的第二故乡。36 年的感情是厚重的，他以自己的精神力量给保山的山水景物注入了人情意味，使保山的山水景物美得不再单调，不再仅仅是自然的美，而是美得与人文历史文化融为一体，美得和谐，美得永恒。

杨升庵走过的地方很多，服过短期戍役的地方也很多，但在保山戍所生活的时间是最长的。他所居住过的戍所被后人翻修后称为状元楼。状元楼只是一个小小的阁楼，但接纳的却是明代一位杰出的文化大师。杨升庵是于嘉靖三年（1524 年）来保山的。他来的时候很疲惫，也很狼狈，曾经的状元已经成了一个被“永远充军”的戍卒。他在二房妻子黄娥的陪伴下，项系枷锁，身着赭衣，

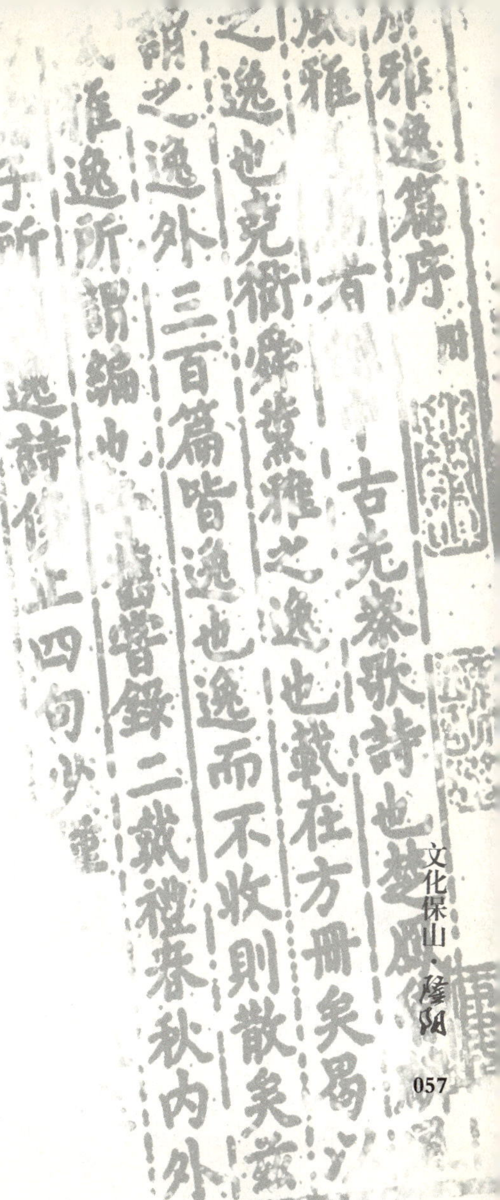
風雅逸篇序
風雅　者　古先秦歌詩也楚風
之逸也堯衢舜葉雅之逸也載在方冊矣蜀
頌之逸外三百篇皆逸也逸而不收則散矣茲
準逸所謂編也　嘗錄二戴禮春秋內外
子所　逸詩僅止四句少章

头戴戎帽，拖着带病的身体，从通县下潞河，坐着囚船，经过天津，沿运河，溯长江，由押送军士解往保山当时的永昌戍所。

杨慎石刻像

杨升庵能够活着离开京城已经是够侥幸的了，他本是一位才高八斗、刚有机会在政坛崭露头角的状元，但因他读的四书五经读得太透彻了，封建伦理把他毒害得过于愚忠，不懂得“势”，说到底就是他不懂 “政治”，从而卷入了一场被后世文史家称之为“议大礼” 的案件中。明朝是中国封建社会走向末端的一个朝代，正德十五年（1520 年），荒淫无度的明武宗死于淫乐场所 “豹房”，没有子嗣继承皇位。但国不可一日无君，太后召集群臣商定由武宗的堂弟朱厚熜继承了皇位，即为明世宗皇帝。朱厚熜即位后，他为了提高自己的家族地位，巩固自己的统治，只愿继统，不愿继嗣，冲破了杨升庵的父亲杨廷和杨升庵等一干旧臣的反对，将自己的生父兴献王尊为“皇考”。俗话说一朝天子一朝臣，朱厚熜这样做，在一定程度也是试测哪些大臣对他这位新主子忠心，乘机排除一些旧臣。杨升庵等一干不识时务的大臣却到朝门外哭谏，死守祖制，而这伙人大都是迂腐的知识分子。朱厚熜火了，将他们该削籍为民的削籍为民，该廷杖的廷杖，于是杨升庵的父亲被削籍为民了，杨升庵哀号在锦衣卫的棍杖之下，身上少不了皮开肉绽。朱厚熜是着实指望把杨

升庵等人打死了事的，和杨升庵一起挨廷杖的大臣就被打死了好几个，但杨升庵却命不该绝，死过去又活了回来，哀号声阵阵。嘉靖三年（1524年）秋，朱厚熜气急败坏地将杨升庵等死里逃生的一伙人谪戍边外。

于是，一声长叹，杨升庵来了，朝保山来了。杨升庵摆脱了京都朝廷无休止的喧哗、纠葛与争斗，结束了尔虞我诈、新贵旧臣相互倾轧不休的政坛生活。从京都出来的时候，杨升庵悲哀的同时，又有一种从未有过的轻松感涌上心头。他终于冲破封建腐朽势力的包围，从书斋走向了大自然，走向了边疆各族人民。此时，杨升庵算是领悟清楚苏东坡感叹过的“儿时只道为官好，老来方知行路难”的道理了，离开京都也就无所谓悲痛了。走过迢迢戍途，历尽千万艰辛，杨升庵于嘉靖四年正月来到了保山。

保山就像一位胸怀博大的母亲，接纳了杨升庵，成就了杨升庵，为他抚平了记忆的伤口，让他寄情于山水，静下心来进行研究与创作，而且一来就是36年，终究在保山成为了一代文化大师，在中国的文化史上占了厚厚一页。保山以博大的胸怀接纳了这位身心疲惫的迤西状元，而这位状元则让保山更为美丽。

杨升庵谪贬保山后的生活是低调的，他没有去攀龙附凤想着东山再起，他以一名普通军人的形象生活在人民中间，不再是高高在上的统治者，而成了人民的一分子，他在呐喊，他在疾呼，他痛百姓之痛、哀百姓所哀，成了人民群众的代言人，写下了《宝井篇》等同情人民群众的辉煌诗篇。他以一个充军保山的老兵身份在保山的迤逦山水之间，度过了困顿艰辛而又辉煌灿烂的36年。而因为他的这种低调，保山又成就了他。他执著地跋山涉水，将沧山怒水尽收眼底；他不停地奋笔疾书，描江山，述社稷，洋洋洒洒，淋淋漓漓，写成了上百部作品，终究成了“明代著叙第一”的博学家，在保山留下了一系列美丽动人的民间传说，以生动的形象活在了人民心中。

现在的状元楼是新修葺过的，墙是白色的，屋面的瓦是青色的。四川会馆喧闹时，四川商人把状元楼当成了四川文化在保山的积聚地，状元楼是他们的精神寓所。当会馆已经成为一种遥远的历史时，状元楼也陷入了寂寞之中。21 世纪的钟声敲响时，到保山的四川商人已经忘却了它，保山也很少有人来关注它，房子愈来愈破败，破败得即将坍塌成一堆废墟时，一位从北京来的国家文物局的领导却寻找到了这里，他就在这即将坍塌的破房子里找到了杨升庵这位文化大师栖息的灵魂。后来，经过地方上的文化部门协调努力，即将坍塌的状元楼终于被修葺一新，保山终于保留下来了这么一个纪念杨升庵的地方。

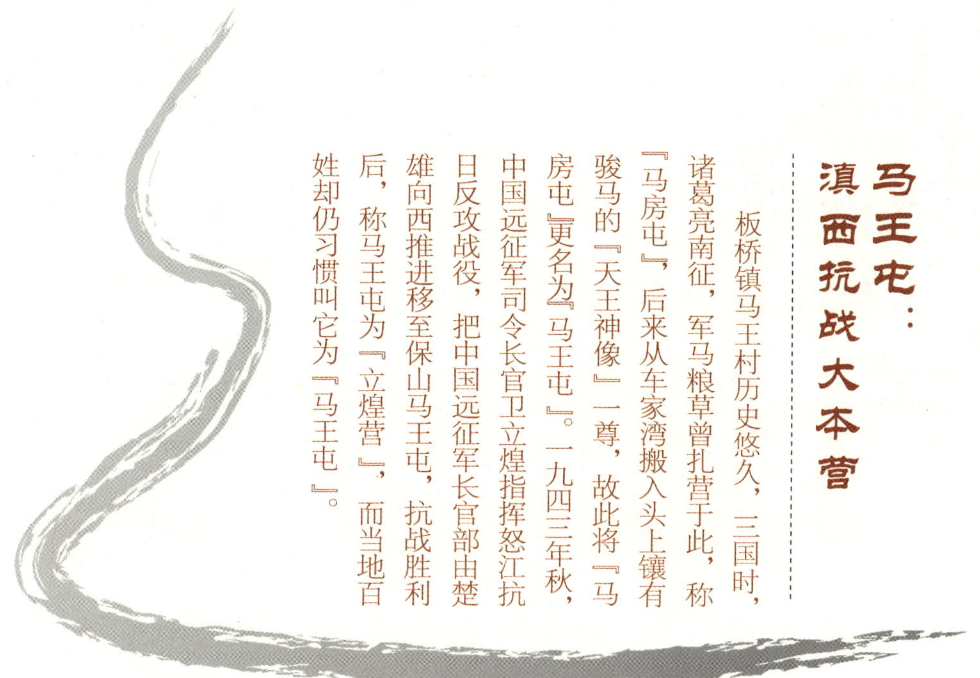

马王屯：滇西抗战大本营

板桥镇马王村历史悠久，三国时，诸葛亮南征，军马粮草曾扎营于此，称『马房屯』，后来从车家湾搬入头上镶有骏马的『天王神像』一尊，故此将『马房屯』更名为『马王屯』。一九四三年秋，中国远征军司令长官卫立煌指挥怒江抗日反攻战役，把中国远征军长官部由楚雄向西推进移至保山马王屯，抗战胜利后，称马王屯为『立煌营』，而当地百姓却仍习惯叫它为『马王屯』。

马王屯坐落在保山坝东北的山坡上，背倚东山，面朝坝子，连接公路，四周松林蔽日，极具掩蔽性。这个原本不起眼的小山村，因卫立煌将军设中国远征军司令长官部于此，坐镇指挥滇西大反攻，成了滇西抗战的大本营。

1941 年 12 月，太平洋战争爆发，日寇先后占领了缅甸和泰国，继而进逼中国和印度。1942 年 3 月，国民政府组织 10 万中国远征军出国作战，杜聿明率第 5 军先头部队仓促入缅，由于统帅部的失策、英军亚历山大（Alexander）的掣肘及其他原因，缅北同古作战失败，英缅军被打垮，中国军队损失惨重，10 万远征军的归国退路被切断。杜聿明和戴安澜被迫率残部翻越野人山，孙立人率新一军随约瑟夫·史迪威（Joseph Stilwell）辗转印度兰姆伽集训。5月3日，日寇占领畹町，5月4日派出54架战机对滇西重镇保山实施狂轰滥炸，5日抵达怒江惠通桥。惠通桥守桥工兵总指挥马崇六当机立断，下令炸桥，阻敌西岸。当时中国唯一的对外交通线——滇缅公路亦被截断，怒江以西国土全部落入敌手。

卫立煌指挥战争

1943年4月，蒋介石决定再度组建中国远征军。7月，在成都赋闲的卫立煌被蒋介石召回重庆，亲自接见，恢复上将军衔，让他出任中国远征军司令长官。远征军司令长官部原设在楚雄，卫立煌到任后，为便于靠前指挥，将司令长官部移至滇西保山县板桥镇马王屯，仅距怒江前线70余公里。这里原是战略物资仓库群，保山“五·四”被炸后，战略物资运走一空，余下30多间空房。远征军司令长官部设在马王屯南面山坡，共占营房10间，设有100门电话、电台及其他军事设施，北面山头是武器弹药库，东面山头驻守高炮防空部队。史迪威派来的盟军顾问窦恩（Dorn）准将和联络组住在董家山的长凹子，共占营房6间。卫立煌将一座库房略加改造后，作为他的办公室兼寝室，近两年时间里，他在马王屯积极策划滇西大反攻，制定作战方案，下达反攻命令，直至抗战胜利。

1944 年 5 月 10 日，远征军各路参战部队集结怒江东岸，等候长官部的命令。5 月 11 日凌晨，马王屯远征军长官部灯火辉煌，人影穿梭，作战部、参谋部、情报处、军需处紧张异常，一片繁忙。指挥部里，卫立煌目不转睛地看着手表，终于拿起电话，庄严下达作战命令：“中国远征军滇西大反攻强渡怒江战役现在开始！命令第二十集团军所部、第十一集团军策应部队即刻渡江，限拂晓前全部到达西岸，迅速向高黎贡山挺进！”

伟大的滇西反攻战役打响了！

滇西大反攻首战高黎贡山。进军的号角吹响，第二十集团军在霍揆彰总司令率领下，冒着枪林弹雨，瘴毒虫豸，分左、右两路挺进高黎贡山，左路攻击大塘子、南斋公房、灰坡等敌人主要据点，右路攻击冷水沟、北斋公房、马面关、桥头等敌人主要据点。敌人在山上修筑永久性、半永久性防御工事，居高临下，火力凶猛，我军伤亡过重；经数日鏖战，几度冲杀，5 月 14 日，第 116 师收复烫习阵地，第 130 师攻占大塘子，乘胜追击逃窜之敌，相继占领斋公房、冷水沟等阵地，将敌人压向江苴、龙川江一带，至此，我军已对腾冲守敌形成犄角夹击之势。

夺下高黎贡山，战斗转入腾冲“焦土抗战”。腾冲是日军 148 联队藏重康美的指挥部所在地，驻敌军 3000 余人。7 月中旬，马王屯长官部下达总攻命令。第二十集团军第 53 军、第 54 军分东、北两路直趋腾冲坝子，相继拔掉了日军在宝峰山、飞凤山、来凤山等高地上构建的外围阵地，将守敌全部压缩到不足 3 平方公里的腾冲城内。美第十四航空队（陈纳德飞虎队）利用腾冲郊外临时机场，出动战斗机、轰炸机混合机群约 60 架进行低空扫射轰炸，同时又以每天 5000 发炮弹的炮击和大量火焰喷射器喷射。在强大火力的威慑下，8 月 3 日，腾冲城墙西南角被我军撕开一个缺口。卫立煌为指挥腾冲围攻战，马王屯长官部昼夜办公，深夜灯火通明，他要求战斗进展以米计算，逐级向上呈报。8 月 17 日，第 53 军攻进城东门，第 54 军攻进城西门；19 日，攻城部队发起三次总攻,通过飞机大炮轮番集中轰炸和组织工兵掘壕爆破，再逐街逐巷、逐房逐院肉搏巷战，各个击破敌人构筑的街垒，攻城进入白热化阶段，摧毁敌人数百座堡垒。战至 31 日，城内西南的日军已被肃清，占领东南门外的海关大楼和北城门。9 月 13 日，马王屯长官部获悉：日军大本营已向腾冲148联队残部发出“玉碎”指令。敌指挥官开始焚烧军旗、密电码本，组织集体自杀。9月14日上午，中国远征军收复了腾冲。

腾冲“焦土抗战”打得最激烈的时候，松山血战也开始了。松山位于龙陵腊勐，由大小10余个山头组成，主峰海拔2267米，是滇缅公路的咽喉要道，人称“东方直布罗陀”。6月初，马王屯远征军长官部正式下达松山攻击命令。第十一集团军第71军新编28师82团、83团由打黑渡、七道河渡江，向松山守敌发动进攻。6月5日，新28师将士向腊勐和阴登山进攻，猛冲猛打，敌人凭借坚固工事顽强死守，三面暗堡火力交叉扫射，新28师伤亡惨重。7月5日，第8军接替新

抗战时期的保山机场

28 师向松山发起主攻，先后攻占了日军数个高地，多次击退敌人反冲锋，战斗异常惨烈。第 82 师 246 团和工兵营采用坑道作业，从主峰前侧 150 米处开凿一条直通山顶的隧道，将 120 箱 TNT 炸药填埋坑道，两道药室同时引爆，巨大的爆炸将敌堡化为碎片，终将敌人彻底歼灭，收复了松山，打开了大反攻的前进通道。

整个滇西大反攻中，时间跨度最长、变数最大的可谓龙陵会战。5 月 22 日，马王屯远征军长官部下达命令：第十一集团军渡过怒江，攻击龙陵；第 71 军钟彬部及第 6 军新 39 师为右翼，主攻龙陵；第 2 军王凌云部为左翼，主攻芒市。我军在扫除敌人南翼象达防线的基础上，第 71 军和第 2 军从东、北、南三面围攻龙陵。卫立煌接到前线情报，日军从芒市派出增援大部队向龙陵疯狂反扑，攻击失败。9 月 7 日，因宋希濂误报战果，被蒋介石召回陆军大学，黄杰接任第十一集团军总司令，重新调整部署，充分发挥远征军在人员武器和盟军空中火力的优势，三面夹击，向龙陵城发起第三次进攻，经五昼夜激战，我军攻占了篱笆坡、红木树、文笔塔、赵家祠堂等阵地，阻断芒龙公路，残敌仓皇撤退到芒市。11 月 3 日上午，中国远征军终于收复了龙陵。

龙陵攻克后，中国远征军奉马王屯长官部命令，主力部队沿滇缅公路大举南下，追歼逃亡之敌。11 月 22 日，前敌总指挥黄杰向长官部卫立煌电告，远征军收复了芒市，日军第 56 师团长仓皇率残部向中缅边境的勐戛、遮放、畹町一带退逃。1945 年 1 月 22 日，卫立煌奉军委会命令率长官部和各路将领，代表国民政府到畹町举行升旗典礼，我国国旗重新飘扬在国门上空。1 月 27 日，远征军第 2 军军长王凌云与驻印军新 1 军军长孙立人在缅甸小镇芒友胜利会师，标志着滇缅公路正式打通。至此，沦陷三年之久的滇西国土，完全回到祖国怀抱。

1945 年 2 月，重庆成立由天主教主教于斌任团长的全国慰劳团，率团到保山对远征军将士进行慰问。慰劳团倡议将马王屯改名立煌营，于斌撰《立煌营记》："立煌营原名马王屯，我滇西远征军司令长官卫立煌将军驻节处也。为崇将军功并以我军远征胜利示来兹，全国慰劳总会滇缅远征军慰劳团为之改今名……"

马王屯——立煌营！山坡上那片硝烟熏熟的青松林，屯里人称做"将军林"，昨天曾经烽火的洗礼，今天在和平的阳光照射下，更加熠熠生辉……

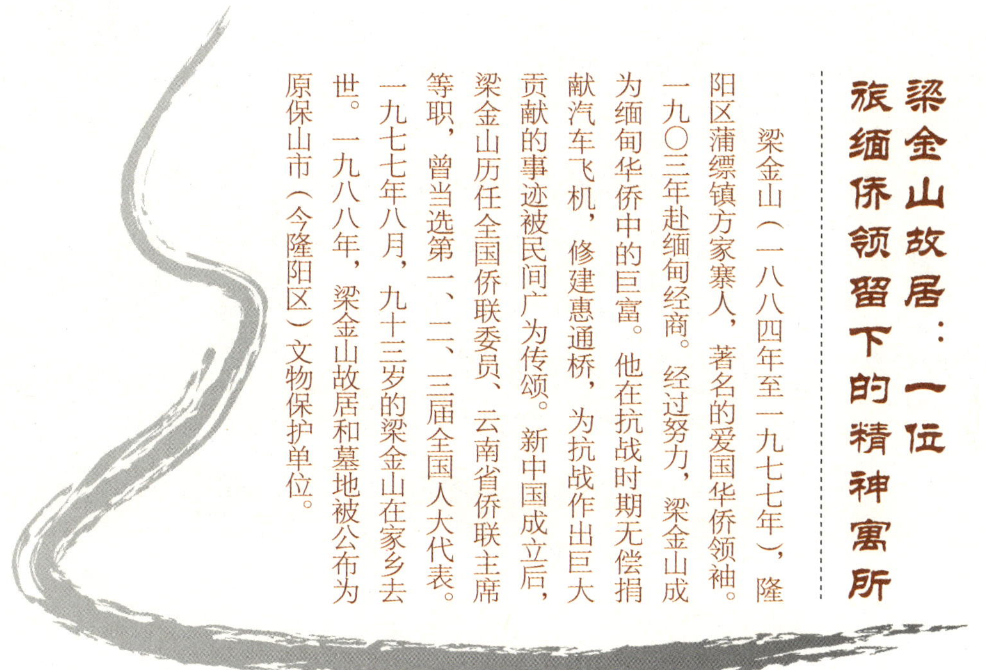

梁金山故居：一位旅缅侨领留下的精神寓所

梁金山（一八八四年至一九七七年），隆阳区蒲缥镇方家寨人，著名的爱国华侨领袖。一九〇三年赴缅甸经商。经过努力，梁金山成为缅甸华侨中的巨富。他在抗战时期无偿捐献汽车飞机，修建惠通桥，为抗战作出巨大贡献的事迹被民间广为传颂。新中国成立后，梁金山历任全国侨联委员、云南省侨联主席等职，曾当选第一、二、三届全国人大代表。一九七七年八月，九十三岁的梁金山在家乡去世。一九八八年，梁金山故居和墓地被公布为原保山市（今隆阳区）文物保护单位。

爱国侨领梁金山的故居在蒲缥镇方家寨。大家羡慕梁金山先生于穷途末路中崛起的机遇时，更应该钦佩他富不忘本，为祖国为人民鞠躬尽瘁的人格魅力。因此，应该把梁金山故居当做一个留有“余香”的圣地，凭吊时要有一个虔诚朝圣者的心情，凭吊故居也算是对先生的一种缅怀。

现在，对梁金山故居的修缮工程已经开工，离故居不远的地方也以故居旅游为依托开办起了几家 “农家乐”。故居南、中、北三个陈旧的大院在散淡的余晖中摆成一幅气势恢弘的油画，当年梁金山富甲一方的气势还在，只是雕梁画栋的老房子们似乎疲惫了，斑驳的漆面显出一副颓唐的样子。负责修复的工人师傅在中院里忙碌着，预计在 2013 年完成中院的修缮工作。

这里曾经是这样一幅景象：大院沿路的面楼关着门，粗粗的廊柱上扯着一些蛛丝，院前的马厩已经成了断瓦残垣，马厩旁边的洗马池废弃成了一个烂泥塘，丛生的野草在晚风中摇曳。

看着裂纹纵横的墙面，看着墙脚已经松动脱落的土基，看着屋顶瓦面上绿色的青苔和说不出名字的杂草。看着这番景象，地方党委、政府领导和有识之士痛心疾首，为修缮保护工作四处奔走。经过几年的努力，修缮工作终于于 2012 年正式动工。

“梁金山”曾经是一个响当当的名字，这个名字从 20 世纪初开始，在中国和东南亚都是铿锵有声的。他少年时贫穷，青年时在缅甸发家

成为一方巨富，中年时眼看祖国母亲被日本帝国主义的铁蹄践踏而愤然支援抗战，晚年时又为新中国的建设鞠躬尽瘁。他辉煌的一生人如其名，“梁”是他的姓，更是他一生的记录与写照，他修桥铺路，他是中缅友谊的桥梁，他胸怀祖国为抗日战争倾尽家财，则当之不愧是中国的脊梁；“金”则是他的财富，他有金山、银山，最重要的是他还有金子般的品质，他一辈子都谨遵“贫贱不能移，富贵不能淫”的古训，铲强扶弱，富不忘本；“山”是生养他的故土，也是成就他的地方，他是在矿山发家的，一生中形成了大山一样的胸襟、秉性与大气，最后的他自己也融入了大山之中，化做了一抔平凡的泥土。

了解梁金山故事的人，就会体会出梁金山先生的伟大人格魅力。就会觉得这应该是一个永远被记住的名字！这应该是一个永远被纪念的历史伟人！

梁金山先生故居的南院是一个天井只有20步见方的四合院，在故居的三个院子中这是最小的一个。但这个南院却是先生最早修建的，据史志记载，大概是在1928年左右，当时梁金山先生在缅甸的事业正是如日中天的时候，30多岁的他已经是缅甸有名的实业家和华侨首领，他回家修建这个院子也可以说是他衣锦还乡立的一座“牌坊”，他晚年回乡后也一直居住在这个院子里。

现在，修缮中院是整个梁金山故居修缮工程的一期工程，相信不久的将来，三个大院都将重放异彩，可以让更多的人走进故居重温先生的爱国豪情。

梁金山像

梁金山先生出身贫穷，没有读过多少书，尽管后来在社会上历练积累了一些知识，但文化层次也不能算很高。所以像他这样一位极具传奇色彩、一心献国的侨领没能留下多少介绍自己人生的文字史料，只有一份家训尤使后人景仰。家训写道：“我多年谋生海外，凡我同胞均视之亲骨肉，外人欺辱如遭刀割，我心恨之入骨，愤而不平，国难八年，我一心献国，国亡即家败……”据落款得知，这份家训是梁金山先生90岁高龄时写的。

梁金山先生一生经历了清朝、民国和新中国三个不同的时代，前半生为商，后半生为官。但无论他为商为官，他都能践行“穷则独善其身，达则兼济天下”的古训。在他为商之时，他为支援抗战先后捐了9000两白银、80辆汽车和一架飞机，并花15万大洋在怒江上修架了“惠通桥”。新中国成立之后，他作为一名人大代表和政协委员，奔走在滇西的山水之间，为开发矿产和发展农业奔走疾呼，亲自给时任全国政协副主席的何香凝写信推介潞江坝的小粒咖啡。如果论起功勋来，梁金山先生是功勋卓著的，他毕生一心献国，为了祖国人民倾尽家产，费尽心血。到晚年时有人问他：“你为抗日战争捐过多少钱？”他却回答：“你我都是炎黄子孙，国家兴亡，匹夫有责，为了永保祖国和人民安宁幸福，你我都应该把一切献给祖国，出于一片真诚，从来也不记账哪！”——朴实的回答缘于他对祖国最为深厚的爱，真正显示出了他崇高的人格魅力。

梁金山先生是从民间走出来的英雄人物，但他内心深处的灵魂却从来没有脱离过人民。他没有因为自己社会地位的变化而显得高高在上，他的人格与财富同步递升，他崇高的人格没有因人生坎坷和政治风云变幻而改变；他先穷后富，但丝毫没有走进“穷人有不得，有了了不得”的怪圈。只有农民才戴的竹斗笠陪伴了他的一生，朴素的衣着帮他在缅甸眉苗家中成功避过日本鬼子的魔爪。现在民间还流传着许多关于他扶助贫弱的故事，只可惜这些故事随着历史的久远

导致流传面越来越小，解读他伟大人格魅力的解读者也越来越少了。

现在，修缮梁金山故居是隆阳文化建设的一件大事，修复后故居将成为爱国主义教育基地。根据修复规划，故居的中院和南院将开发为梁金山先生生平事迹第一展馆；北院将开发为梁金山先生生平事迹第二展馆，同时配套修缮墓地、将马厩废旧建新、将洗马池修渠引水、种植荷花，恢复原貌。目前，已成立了专门的工作小组组织实施，通往故居的道路已被硬化，居住在故居的 12 户梁金山后人已迁出。另外，还向梁金山的后人和亲友广泛宣传，征收遗物，到现在征收遗物有相片 87 张（已进行翻拍和光盘刻录）、信件若干、银刀一把、生平使用过的家具、器具若干件。

梁金山故居，不单单是三个古香古色的四合院，更是一座激励后人爱国爱乡的道德精神寓所。

滇西粮仓：『大肋巴』精神凝聚的荣耀

一九七八年至一九八一年，保山的水稻单产在全省一直排第一，一九八〇年引起了农业部的重视，全国农业会在保山召开，保山从此获得了『滇西粮仓』的美誉。时任中共中央总书记的胡耀邦同志曾于一九八〇年和一九八六年先后两次视察保山，对保山农业的评价是：『在全国已领先了，我很满意』。以粮为纲的年代，保山为什么能干出如此骄绩？或许保山人的『大肋巴』精神就是答案……

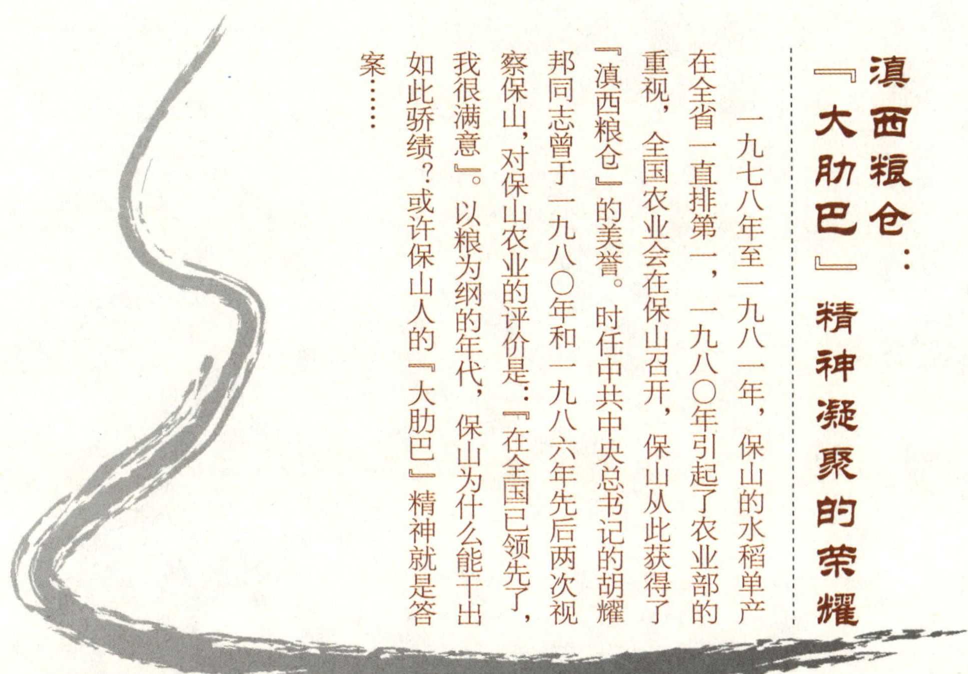

保山坝东襟沧江，西带怒水，平均海拔1670米，而两条大江保山段的海拔仅为700余米，近1000米的相对高差已使沧、怒峡谷与保山坝子的物候变得大为不同。怒山把炎热和曾经的瘴疠留在了峡谷之中，把温暖湿润赐予了胸怀中的保山坝子，使其成为了年均气温15.6℃的温和之地。

在这个湿润肥美的坝子中，保山人不辞辛苦地劳作耕耘，使保山坝子成为声名远扬的“滇西粮仓”，当然，与之一起传遍四方的还有一个针对保山人的绰号式的称谓：“大肋巴”，这既是一个绰号，也是一种精神。

阡陌交通的保山坝

老书记杨善洲

从地质构造来看，保山坝子属断陷沉积盆地，其形成经历了一个漫长的过程，在这个漫长的过程中，溪水、河流把四周山岭上的泥土源源不断地携到了盆地之中，使坝子中的土壤变得深厚而肥沃，甚至还蓄积了一个民国年间仍局部存在的青华海。在这样一个水土肥美的盆地中，农耕文明最迟在汉代便得到了发展。当时，秦相吕不韦的后裔从川中迁徙而来，带来了内地先进的农耕技术，盆地东北的不韦县便建立在了成片的农田之上；唐代，农耕文明在这片肥美的土地上不断推进，众多的佛寺和保山古城便以此为基础得以拔地而起；明代，中央政府为加强对西南夷地的控制，大规模地移民、屯垦使保山坝子的良田迅速增多，农业生产得以快速发展；20 世纪 60 年代后，随着坝子北端北庙水库的兴建和主要河流东河的开挖整修，青华海完全消失。此时，173 平方公里的坝区中，除村落、城镇和路道外，坝子中的每一寸土地几乎都生长着庄稼。20 世纪 70—80 年代，保山县的粮食产量在全省各县中一直名列榜首。因此，保山坝子获得了“滇西粮仓”的美誉。

“大肋巴”是什么？是很显眼的肋骨，那为什么成为了保山人的称谓呢？正史是不可能载录这些事由的，感兴趣的人一开始只能根据词意和保山民众的生产生活状况来加以分析。自古以来，保山坝区的经济皆以农耕为主，农耕是一种和泥土、骄阳、风雨亲密接触的活动，在田野中劳作的男人们，为了使衣物脏得慢一点，往往会把衣物脱下置于田埂上。骄阳下，劳作的人们都会挥汗如雨，为了凉快一点，人们也会把衣服脱了。风雨后，衣服有可能会被淋湿，人们也会在檐下脱了衣服把水拧去。如此，劳作的男人们脱去衣服成为了常态，脱去衣服后，皮肉下，肋骨的轮廓便会显现，田间耕作也就成了肋骨的展示活动，外地人来到此地看见后，或者保山人把这一习惯带到外地后，便会让他们有所触动，于是就有可能把“大肋巴”的称呼赠给保山人了。

近年编辑出版的介绍保山风土人情、历史典故的《保山掌故》一书对“大肋巴”是如此解释的：当年有很多保山人到夷方做生意，常常靠肩膀挑担贩运货物，挑担人沿途要经过许多高山深谷，渐近夷方时虽然道路略略平缓，但气候却十分炎热，因此，这些人常把上衣脱下，以免受热汗淋漓之苦。这些保山人长途跋涉乃至翻山越岭时，或快步疾走，或一步一移，身上的肋骨凹凸而出，在汗水和油光的映衬下格外惹眼，常令外地人感叹、佩服，天长日久，他们便把保山人都呼为“大肋巴”，“大肋巴”也就包含了勤劳、朴实、诚信的精神内涵。

保山坝子南北狭长，其最北端收缩为稍显低缓的山岭间的山洼，山洼里有河水淙淙流出，这河水是从两侧高山峻岭间的箐谷中汇聚而来的，它们沿山洼流出山岭后，从山边的北庙村旁开始一直弯转南流，成为了保山坝子的母亲河。此河古称禁水，今名东河。作为传统农业较为发达的保山坝子，其对水的依赖不言而喻。然而，历史上的保山坝常年冬春干旱、夏秋水涝，雨水丰歉对农业生产影响很大。于是，在北庙村以北的山岭间修建一座水库成为了保山民众盼望已久的梦，这一众望所归的使命交由诞生不足10年的保山县新政权来完成。

据上了年纪的长者们说，当年修建水库时，机械设备相当缺乏，劳动任务非常繁重，要想看看作为坝顶标记的横空长缆上的红色小旗，必须抬头仰视，以至于每次都会草帽掉落。这座高约 70 米，长近 200 米的大坝，是成千上万的群众在半饥半饱之中凭着顽强的毅力和战天斗地的精神，用不计其数的手推车移山搬土筑起来的，由于国家百废待兴，当时粮食供应困难，安全措施欠缺，医疗条件十分有限，于是，为数不少的建设者便把生命献给了北庙水库。如今，大坝西端水库纪念碑之后是一座庄严肃穆的死难者纪念碑，800 个名字的碑志铭记并展示着那些为保山坝的旱涝保收献出了生命的人。当然，至于他们是怎么献出生命的，碑文有限的字句并没有一一叙述，不过，只要翻开地方志

书，人们便会知道，他们献出生命的形式不外乎以下几种：工伤事故、食物中毒、疾病等。同时，志书中的图片也会告诉后人，那是一个“大肋巴”们挥汗如雨战天斗地的特殊时期，保山“大肋巴”们的精神在这一时期得到了充分的彰显。令所有的人欣慰的是，在千千万万“大肋巴”竭尽全力的付出后，北庙水库最终得以诞生，它在雨季拦蓄洪水，冬春灌溉良田，从此，保山人民水旱无忧、丰衣足食，人们深情地把北庙水库称为“母亲湖”，她为“滇西粮仓”的形成奠定了坚实的基础。

为了使坝区的千万亩良田得到灌溉滋润，保山人民在很早以前就开始了对坝区河道的整治。据记载，清代康熙五十四年，官府开始了对东河的修补和治理，此后，不同程度的整修加固渐趋频繁。20 世纪 70 年代，对东河故道的大规模整治开始动工，一个个日夜，一声声号子，保山坝南北轴心的东河故道被截弯改直、挖深拓宽。东河分为 5

个直线段从北庙开始往南而去，人们经过努力使东河拥有了更深、更宽、更直的通道，在暴雨如注的时候，滚滚浊流沿笔直的东河新道畅然而去，不再损毁农田和房舍。为了让低于地平面的东河之水进入两岸的农田之中，人们在坝区北部北庙村、中部河图镇杜家村、南部汉庄镇青华村的东河中设立机闸，干旱时节闭闸蓄水，让河水沿侧边的渠道分流而去用以灌溉；同时，还在汉庄镇的小堡子、大沙河以及东河行将流出坝区时建立抽水站，马达的轰鸣中，河水提升后沿水渠流淌并浇灌农田；关于灌溉干渠，20 世纪 60 年代后，相继开始了坝区东、西、中大沟的开挖，它们从北庙水库大坝之下的北庙村外开始，通过拦河水闸把河水往坝子两侧引领，源源不断的甘泉沿沟渠把万顷良田悉心浇灌，保山坝区从此旱涝保收，滇西粮仓的丰歉得到了有效的保证。

农业学大寨是一个渐已远去的话题，它虽然被极“左”思潮利用过，但确实彰显了艰苦奋斗、自力更生的精神，也确实在缺乏政府投资的情况下改善了农业生产条件。20 世纪 60 年代全国掀起这一声势浩大的活动时，人们或许应该意识到，这活动不仅仅是一项活动，它还是一种令人感佩不已的精神，而且，这种精神与保山的“大肋巴”精神不谋而合。在全国掀起农业学大寨活动后，保山人民应该是倍感振奋的，因为，自己由来已久的艰苦传统和奋斗精神已然拥有了举国效仿的知

音，不就是甩开膀子大干苦干吗？这个，我们的祖祖辈辈已干了很多年；不就是向土地要更多的粮食，让我们丰衣足食吗？

其实，在掀起农业学大寨活动前的1958年，保山就已开展了开挖沟塘土、菜园土、老墙土、老灶土、堂屋土的“五土”积肥运动，建设了一批高产田。1964年农业学大寨活动开展后，地、县在兴办水利的同时，相继在坝子北部的板桥公社邢家大队举办排涝除锈样板，在坝子南端的辛街公社茨通凹大队举办坡地改梯地（田）样板，在坝子中部的河图公社打渔村、董官村举办排水治涝样板，在坝区北、南、中部各选数村作为改土、施肥、密植的高产样板，以抓典型树样板带动大面积生产的办法，在全县掀起群众性的农田基本建设高潮。这一经验受到了云南省委、人大的高度重视，在保山召开全省样板现场会并向全省推广，保山县被列为全国农业学大寨典型，参加了全国农业学

大寨54个典型的图片巡回展。1975年9月全国农业学大寨会议后，保山县制定了山林水田路综合治理规划及措施，组织了500多人的工作队到农村，再度掀起修水利、坡地改梯地、修筑田间机耕路，建条田、排涝除锈、治理害沟河等农田基本建设高潮。到1985年，全市（县级）坡地改梯地3733公顷，地改田1300公顷，建条田6126公顷，掺沙客土9093公顷。农业生产基本条件得到较大改善。

可以说，保山人的“大肋巴”精神在20世纪中叶后得到了淋漓尽致的发挥，在这一精神的支撑下，保山人民修建起了受益至今的北庙水库，整修、开挖了目前仍然发挥着作用的灌溉河道和沟渠，修筑了在今天作用更为凸显的机耕路，在坝子边缘的缓坡上建造了梯田和梯地……也是在20世纪70—80年代期间，保山县的粮食产量连续排在了全省各县之首，保山坝子赢得了“滇西粮仓”的美誉。没有人可以否认“大肋巴”精神在农田水利的建设上结出的丰硕成果，“滇西粮仓”的美誉是保山人民凭着祖祖辈辈沿传下来的“大肋巴”精神铸就的。

如今，吃苦耐劳、奋发图强的“大肋巴”精神又引领着隆阳人全力投入到“桥头堡”建设中……

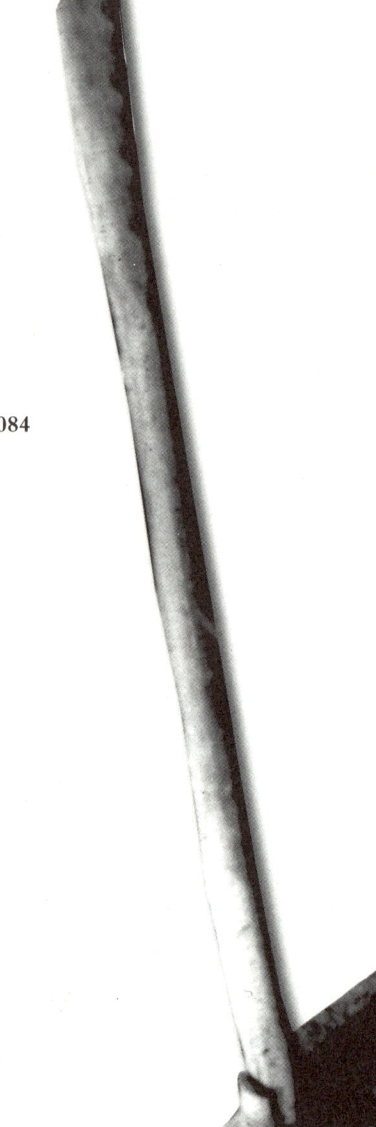

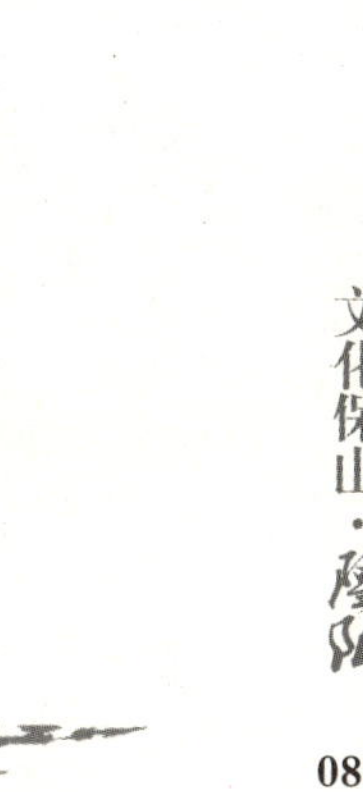

金鸡育德村：『永子』的故乡

《易·蒙》曰：『君子以果行育德。』意思是以果断的行动培育高尚的道德。而金鸡乡的育德村，却不只培育了『道德』，使自己成了闻名遐迩的社会主义新农村，它还培育了『永子文化』。而永子这一保山的地方名特产品，在盛名远播的同时，也使育德村誉满天下。不久的将来，通过『永子文化园』的建设，『棋中圣品』永子将引领隆阳的文化产业直奔市场潮头……

金鸡乡育德村，地处保山坝东北，距保山城约 10 公里，原名“窑上”，因村北建有 500 多年历史的烧陶器窑而得名，当地人也常称“育德不韦村”。假如不是笼罩着“永子”的光环，育德村在云南这片红土地上很可能是默默无闻的，可就是因为历来被围棋界推崇为“棋中圣品”、永昌三宝之一的“永子”，使这个小小的村庄声名远播。

这片土地一直抹不去浓浓的传奇色彩。3500 年前，滇西古人在村西驮头坡创造了新石器文化；1700 年前，吕凯在今将台寺建有操练兵马的点将台校场；500 年前，育德祖先已拥有高超的制陶工艺，延续至今……它汇集了农耕文化、陶器文化、永子文化，又是汉朝开边设郡

的初始之地，堪称保山文化发展史的活化石。千年的兴衰跌宕、风雨鸡鸣，全都灌注在这小小的育德村——“永子”的故乡。

关于“永子”的来历，除了史书记载，还有两个经典的传说。

一个是神话传说中的“吕祖授艺”：相传很久以前，吕洞宾来到永昌，在宝盖山下的龙泉池畔见到一个孝敬母亲的穷苦农民，为了周济他，吕洞宾传授煅烧围棋子的技艺让他谋生，从此，母子摆脱了困境。

另一个传说是明朝翰林李德章发明烧制围棋子：相传明代有位叫李德章的永昌人，在京城保管珠宝玉器，在一次宫廷失火时，发现熔化的珠玉浇水凝固后具有晶莹透亮的色彩。被贬返乡之后，他就用永昌盛产的玛瑙、玉石、紫英石等原料烧制成了质地较好的围棋子。

古永子

传说故事给“永昌围棋子”的诞生穿上了神秘的外衣，而“永昌”就镌刻在传说中，显得那么醒目。保山古称永昌，故被亲切地称为“永子”。据记载，永子始于明代，其中可考证的历史至少在500年以上。《明一统志》中说“永昌之棋甲天下”。《徐霞客游记》卷十八亦有云：“棋子出云南，以永昌者为上。”明代刘文征所撰《滇志》中记载永昌府的物产时，特别提到了“料棋”即用矿料烧制的围棋子。

保山地处西南边陲，距内地有数千里之隔，但就是在这样一个地处边疆的小地方，传统“四大雅艺”中的棋中圣品“永子”就于明代诞生于此。可见“永子”是中原历史文化传入祖国西南边疆的重要“信使”。

明代，永昌文化氛围浓厚，文人骚客云集。杰出的学者、诗人杨升庵，户部右侍郎张志淳、“滇南七子”之一的张含以及大理的“滇南七子”杨学士、李元阳等文人的带动和影响，使这一代成为了保山历史上文化最璀璨的时期。

现在，我们不难想象当时文人骚客云集“永昌”某街某巷某府某院，一起执“永子”对弈，冥思苦想，一步慎棋，捻断数“须”的精彩场面。

历史上，永子享誉盛况，从唐浩明《曾国藩》中也可见一斑：“……永昌府东北三十里外的金鸡山里，挖出两块千年难遇的好石头，一块纯白，无半点瑕疵，一块乌黑，无丝毫杂质。知府亲自

选派最好的窑工，不惜工本，烧制了一副‘永子’，又叫专为宫中做器具的工匠做了一个精巧的盒子……遂献给崇祯帝。”

可见，“永子”不仅为达官显贵、文人雅士所珍爱，还一直是进献皇室的上乘贡品，堪称“国宝”。

“永子”为何能获如此赞誉？可以说，“永子”不仅是一种技术，更是一种艺术。“技术”强调实用性，“艺术”注重观赏性和文化性，“永子”却恰恰弥补了两者的不足，达到了“技术”与“艺术”的完美结合，是围棋史上的“创新”。

“永子”细腻玉润，沉而不滑，柔而不透，冬暖夏凉，无接触石头玻璃之类的僵硬冰冷感觉，也不像抓捏玻璃棋子那样圆滑，手感极其柔和舒适，温润如羊脂美玉，细腻如婴儿之颊肤。

“永子”视觉和手感一样，其色泽柔和，光不刺目，其形正面微凸，底面扁平，弧线自然，造型别致。白、黑子各有特点：白子洁白似玉，润而发光，色如嫩牙，晶莹可爱；黑子乌黑透碧，照光而成墨绿色，且周边有一种神奇的碧绿光环，但着盘则呈黑色，如清潭秋水。所以史料中说“永子”“明而不炫”，“适宜于弈者长时间观看与思考”。用“永子”对弈，触子心舒，入手圆润，有冬暖夏凉之妙。

“永子”无异于保山文化史上的一朵“奇葩”，可为何它在这片土地上慢慢凋谢了呢？清光绪《永昌府志》还约略记载了当年“永子”的生产用料和工艺。可清末民初，因社会动荡和保山地区的战乱，“永子”烧制工艺随之失传。

或许是历史弄人，当我们还在为祖先的智慧感到自豪时，后世却无人能掌握这一生产工艺，恢复“永子”生产。从此，它成了保山人民、好棋者永远的牵挂。

陈毅元帅1964年视察云南，曾过问“永子”的情况，他肯定地说：“我就不相信保山就无人再烧出‘永子’。”

有专家断言，要恢复“永子”这一享誉棋界的圣品，只有在其原产地，

棋圣聂卫平为保山市首届永子围棋邀请赛开棋

采用原配方，选用本土原料才有可能生产出与当年齐名的“永子”来。

百年牵挂，几代人前赴后继，10年潜心研制。2009年，保山人民终于破解了失传“永子”生产的工艺，成功烧制出新“永子”；2010年，失传百年的“永子”围棋通过云南省产品质量鉴定；2011年，在第八届中国·保山南方丝绸古道商贸旅游节、澜沧江啤酒狂欢节暨端阳花市金鸡乡展台上，一副古“永子”和一副新“永子”，难辨古今，它引发了围棋界的震动——“永子”终于复活了。

“永子”重获新生！这一消息不胫而走，在新“永子”亮相保山端阳花市后，无论是来自外地的游客，还是保山本地人，在得知这一喜讯后都纷纷结伴前来观摩和欣赏。围棋泰斗、中国围棋协会主席陈祖德先生在品评鉴赏新“永子”时连连惊呼：“国宝终于再生了！”保山市首届“永子”围棋邀请赛上，棋圣聂卫平现场形象生动地分析讲解，央视围棋栏目著名主持人陈盈也同台讲棋。

如今，保山高度重视这一文化产品的重生，为弘扬“永子”文化，“永子”已被当地列为非物质文化遗产进行传承与保护。夕阳余晖下的育德村，“永子”文化园、将台寺、陶瓷之乡雕塑、新石器文化遗址寂静地躺在那里，见证着育德那些正在消失的历史，却又用新生活续写着新的传奇。

育德村子边的将台寺，依然保持和延续着“校练场”的格局，身形俊朗、气宇轩昂。寺后面的小广场，老人、妇女儿童正在体育器械上活动筋骨；周边墙壁的水彩宣传画是那么显眼，一角的“陶瓷之乡”

的雕塑更让人怀古思今。雕塑前方，仿古城墙上的新石器文化遗址让人深感历史之厚重；古城墙上方是一个院场，它就是育德村公共文化服务体系场所，包括陶器文化展室、农耕文化陈列室、科技文化活动室。妇女们常在院子里载歌载舞，描绘着社会主义新农村的崭新面貌。

时光荏苒，千年弹指一挥间，往日的沧桑化作烟云，成为了传奇故事。时光的大门在渐渐合拢，而作为“永子”的故乡——“育德”并没有老去。

中华瑰宝——“永子”

二、兰花芬芳添隆阳锦绣

空谷幽兰，素雅馨香。

保山城被称之为“兰城”，兰花是保山的“市花”。兰花也是花中的君子，在传统文化中占有很高的地位，它是很讲究成长环境的。能够以兰而著名的地方，山水自然是有灵气的。

隆阳的山，山高峰秀，剑指蓝天。隆阳的水，动静相宜，映照白云。高黎贡山，怒江，澜沧江，这些都是隆阳的灵性所在。在隆阳大地上，一处处风景名胜无不透露着自然美与人文美……

或许明天，隆阳这枝“幽兰”就会因为它的一张张“名片”而馨香远逸，声名远播。

隆阳
LONG YANG
兰花芬芳添隆阳锦绣

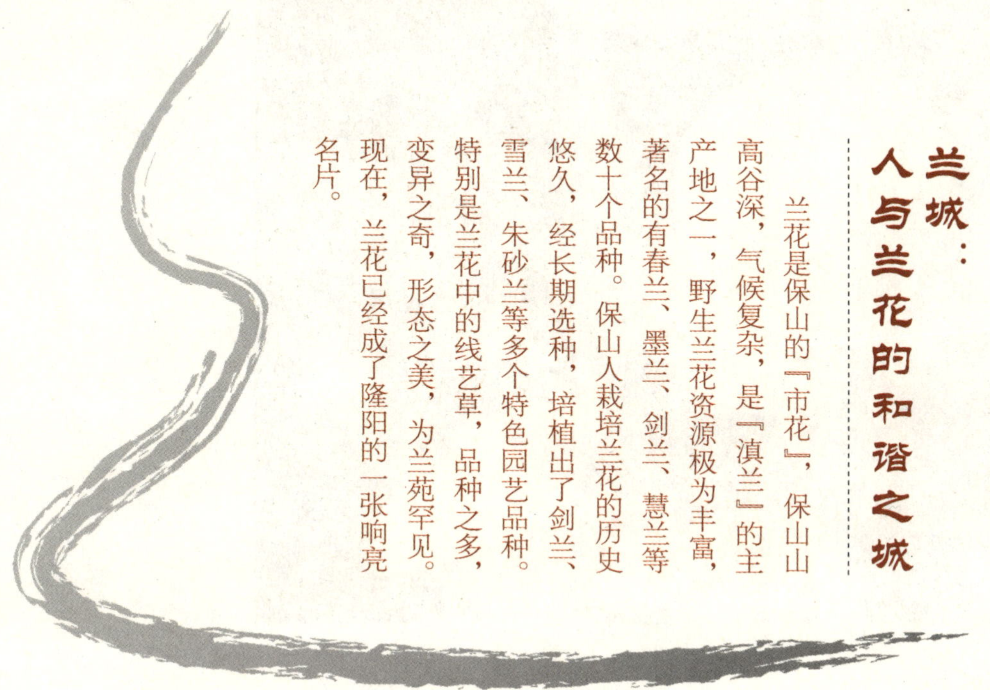

兰城：人与兰花的和谐之城

兰花是保山的『市花』，保山山高谷深，气候复杂，是『滇兰』的主产地之一，野生兰花资源极为丰富，著名的有春兰、墨兰、剑兰、慧兰等数十个品种。保山人栽培兰花的历史悠久，经长期选种，培植出了剑兰、雪兰、朱砂兰等多个特色园艺品种。特别是兰花中的线艺草，品种之多，变异之奇，形态之美，为兰苑罕见。现在，兰花已经成了隆阳的一张响亮名片。

你无论如何也想象不到小小的一丛兰花，在滇西这座小城里会显现出如此神奇美妙的风采和灵性。是兰花选择了小城，还是小城选择了兰花，问花花不语，问城城不答。天地间都在感叹着兰与城的奇缘。

兰花的叶终年碧翠丹青，飘逸潇洒，刚柔相济，婀娜多姿，亭亭玉立，直如冲霄之箭，曲如缩影之弓；兰花的花新、奇、特、异，多姿多彩，万紫千红，妩媚迷人，雍容华贵；兰花的味幽香清醇，馥郁芬芳，隐约如细纱如雨雾慢慢地飘落下来，一丝丝地渗进人们的心田，耐人品味、诱人寻觅。兰花以叶悦人，以花迷人，以香诱人，以韵感人，令君陶醉。

时至隆冬，当北方还是冰封万里、白雪皑皑时，这里早已是艳阳高照，

荷之冠

暖意融融。这座小城名叫隆阳，坐落于云南西部边陲，在连绵高黎贡山、哀牢山的环抱之中，奔腾不息的澜沧江、怒江穿境而过。这里千峰叠翠，雄奇壮丽，在气象万千、十里不同天的空谷幽涧之中，百花斗艳，兰蕙竞生。特别是在著名的国家级自然保护区高黎贡山，这颗横断山脉中的明珠，森林覆盖率达85%，高山峡谷地形复杂，生态环境悬殊，拥有世界上极为珍贵的湿性常绿阔叶林、寒温性针叶林和特有动植物森林生态系统，为各种动植物提供了有利的条件，被誉为天然的动植物资源宝库，目前发现的兰科植物达73种，几乎占了我国兰科植物的半数，在民间流传着“屁股一坐三棵药，脚走三步踩兰花”的说法。

隆阳，拥有异常丰富的兰花资源和深厚的兰文化底蕴，为滇兰尤其是莲瓣兰最重要的主产地之一，有“中国莲瓣兰荷瓣之乡”的美誉。莲瓣兰又称小雪兰，因其花瓣宽厚，花形与荷花相似，花色多为藕红而得名。所谓荷瓣，是指花朵的外三瓣肥厚、宽润，形状与荷花花瓣相似，收根放角，捧瓣不起兜，唇瓣宽大，似微微张开的蚌壳。荷之冠、荡山荷、紫熹荷、一品荷、秀荷鼎、三喜荷、永昌梅等荷瓣珍品闻名八方，花色达七八种之多，株形优美，香味浓郁。荷之冠叶形伟岸，气宇轩昂，花色花形稳定，花叶搭配合理，让人观而忘俗，是荷瓣的典型特征；荡山荷叶姿洒脱飘逸，叶质厚实，色泽典雅，雍容华贵，富态大方，是荷瓣中的大家闺秀；三喜荷宽叶大花，花性稳定，花色艳丽，典雅秀气，高出叶面的花朵亭亭玉立，被誉为荷瓣中的极品，荣获中国第十四届兰花博览会金奖……

桃园三结义

小城养兰花的历史始于唐代而以明清为盛，这里的人特别喜好兰花，几乎家家户户都要种上那么三五盆，个个都能谈出一番养兰经，年年都举办兰展。特别是在有“云南兰花第一村”美誉的兰花村，家家户户都以兰为生，几乎每户都洋洋洒洒地种兰千盆以上，除了当地有名的莲瓣系列外，还有红花红舌系列、抱杆花系列、龙女系列、水品系列、黑花系列、中透、缟草、边草、水晶、矮种、奇花等，比比皆是。渐渐地，这里成为了

奔驰牡丹兰

滇西的兰花集散中心和花卉苗木的交易中心。

小城人自称家乡为“兰城”，足见爱兰之深、爱兰之切，也足见兰蕴之深厚。兰花，自然而然地被定为“区花”、“市花”，成为这个美丽小城的一个象征。

竹有叶而无花，梅有花而无叶，菊有叶有花而无香，而兰有叶有花也有香。当代诗人、辞赋家、边塞作家王宇斌在《兰花赋》中赞道，兰花神在“亭亭玉立，不因寒而委琐；脉脉贞守，非献媚以张扬”，逸在“得清气于烟渚，涵白露之轻霜”，艳在“动宓妃之霓裳”。寥寥数语，兰花的神品、逸品、艳品跃然在眼前，真乃兰花知音！

兰花，没有西方人欣赏的那种大红大紫、热烈奔放、毫无遮掩的美，而是像中国人那样婉约、含蓄、清雅。它的枝叶从从容容，四季苍翠，永远透露着一种生命的绿意。不刺目，不张扬，青草似的温柔，却又松柏似的坚强，那一丛丛错落有致的青碧，便足以赏心悦目。花素而不艳，色香而不媚，风姿绰约，亭亭玉立。待到花开时，只消一朵，便满室飘着清醇、淡雅而悠远的芳香。自从春秋时代的中国文化先师孔夫子将兰称之为“王者之香”后，兰就成了清雅高贵的象征。文人雅士总爱咏兰喻志，表明自己的品格和志向。郑板桥赞为：“风虽狂，叶不伤；品既雅，花亦香。”

王勃在《七夕赋》中写道："金声王韵，蕙心兰质。"朱德元帅曾有诗赞兰花："浅淡梳妆原国色，清芳谁及胜兰花。"同时，兰花是草本植物，又称作兰草，草是草根阶层的象征，说明她的身世普通，说明她的底层化和平民化，因而深受百姓大众的青睐。的确，"一株兰草千幅画，一箭兰花万首诗"正是对小城人热爱兰花最恰如其分的描绘。

不过说来说去，自古以来唱的都是兰的清雅高贵、卓然独立和不畏严寒。可这隆阳，是滇西的一座闹市，人口有90多万，常住的外来人口也有10多万。每当兰花展那几天，说熙熙攘攘已不足以表达其热闹，说花如海人如潮一点也不过分。宽敞的大街，偌大的广场，塞得水泄不通，但见红男绿女，人头攒动，一盆又一盆或竞相怒放或含苞欲放的兰花四周，围满了期盼的目光，喧杂的环境却丝毫不影响小城人的赏兰之情。面对此景此情，忍不住要问，小小的兰花哟，你何以如此诱人、如此醉人？

小城是滇西一重镇，古称永昌，为哀牢国圣地及"汉在西南方的基地"，是南方古丝绸之路上的交通枢纽。改革开放以来，社会经济发展迅速，昔日狭窄的马路已被宽敞的路面所替代，低矮的平房已被拔地而起的高楼和生机勃勃的绿化带所覆盖；现代化的大型自选超市提升了小城人生活的品位，昔日的小排档已被上规模上档次的各类餐馆所更换；小城人的穿着也是多姿多彩，穿出了都市人的最新潮流。再去看看人们的出行工具，摩托车、私家车应有尽有。越来越多的文化体育设施，丰富了大家的精神生活。走在小城大街上，小城的变化让人目不暇接。经过30年的不懈努力，这里的人们过上了幸福、富裕、文明、和谐的日子。

今天，在隆阳，气候宜人，冬无严寒，夏无酷热，四季如春，终年常绿。樱花开得满树烂漫，如云似霞；杜鹃花五彩缤纷，绿色的花枝顶着无尽的花朵；白花花的玉兰花挤满了树缝的每一个空间；茶花、玫瑰、栀子花……各放异彩，百花绽放。而这一刻又突现着兰花。兰花之园，不是百花凋零、百花枯萎的象征，更不是一花独占、一花独放的酷景。百花共处，万紫千红，交相辉映，自然界里的和谐景象，竟改变了兰花清傲的脾气，小城赋予了兰花一种新的意蕴，一种新的活力。

花与花同时开放，人与人和谐相处。“以兰喻德，以兰养性，以兰明志”的兰之韵，不正是隆阳人倾心以求的志向么？

兰花村兰博会

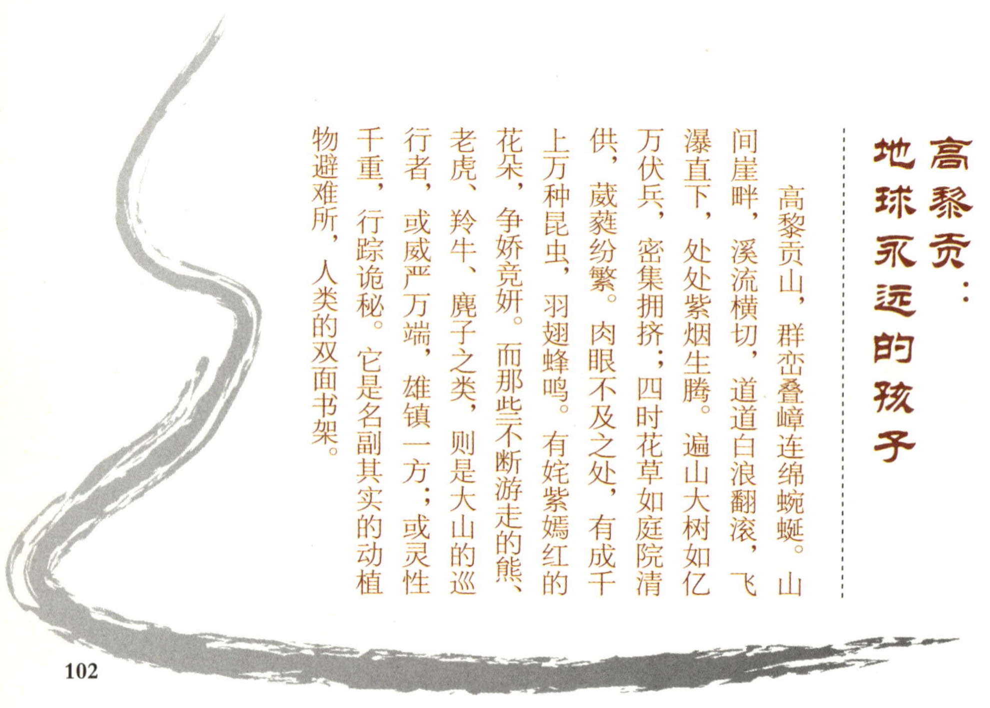

高黎贡：地球永远的孩子

高黎贡山，群峦叠嶂连绵蜿蜒。山间崖畔，溪流横切，道道白浪翻滚，飞瀑直下，处处紫烟生腾。遍山大树如亿万伏兵，密集拥挤；四时花草如庭院清供，葳蕤纷繁。肉眼不及之处，有成千上万种昆虫，羽翅蜂鸣。有姹紫嫣红的花朵，争娇竞妍。而那些不断游走的熊、老虎、羚牛、麂子之类，则是大山的巡行者，或威严万端，雄镇一方；或灵性千重，行踪诡秘。它是名副其实的动植物避难所，人类的双面书架。

高黎贡山处于地球上最青春、最活跃的地带——横断山系腹地，是萨尔温江和伊洛瓦底江上游的分水岭，北接“世界屋脊”青藏高原，南衔中印半岛，东临怒山山脉，西毗印缅山地，横贯云南西部，跨越亚热带、暖温带、温带、寒温带、寒带五个不同的纬度带，总面积40.55万平方公顷，由北、中、南三大片区组成。高黎贡山是造山运动抒写的一部大地史诗，亿万年前，亚欧板块一次石破天惊的爱恋，诞生了这个山之骄子，往后，在地壳漫长的迁徙漂移中孕育了千姿百态的生命。这座堪称“生命的家园”的高黎贡山，滋养了千姿百态的生命，像一个偌大的自然博物馆，更像地球永远的孩子，而孩子的脸庞，竟是一道天然屏障。

高黎贡山独特的高山峡谷地貌，形成由火山、秃岭、温泉、溪流、森林、高山草甸、湖泊、沼泽、瀑布组合而成的最壮丽的自然景观，是迄今地球上唯一保存完整的由热带森林到温带森林过渡的区域。茂密的原始森林和丰富的野生动物，宛如一道天然屏障，精心呵护着亚欧大陆的生态气候。由于免遭第三四纪冰川的影响，这里成了南北动植物汇集的天然通道和东西过渡的纽带，具有完整的亚热带生态系统，垂直分布着6个生物气候带谱，是动植物的避难所，被联合国教科文组织誉为“世界物种基因库”、“自然博物馆”和“世界雉鹊类的乐园”，被世界野生生物基金会列入世界A级自然保护区名录。高黎贡山保护区展示着野生植物4000多种，野生动物2300多种，其中大树杜鹃、秃杉、长蕊木兰、红豆杉、银杏、水青树等58种属国家和省重点保护野生植物，印支虎、羚牛、金钱豹、云豹、白眉长臂猿、灰叶猴、小熊猫、

白尾梢虹雉、金雕、绿孔雀等82种属国家重点保护野生动物，是全球范围内生物多样性最丰富最密集的地区，素有“绿色宝库、动物乐园”之美誉。

当你迷恋于怒江岸边木棉花的璀璨缤纷，举目远眺雄浑苍茫的高黎贡山巅，皑皑白雪在太阳映照下熠熠生辉，仿佛圣母赐予的一顶金冠，戴在地球这个孩子头上，彰显清秀雅致的处子之美。更别说那杜鹃花开的时节，漫山燃烧的火焰，遍地流淌的翡翠，山间高挂的飞瀑，参天擎地的古木，恍然置身于世外桃源，令人由衷惊叹大自然的造化。

其实，高黎贡是土著民族景颇人的语言，意思是“高黎部落的山”，“高黎”就是景颇族部落的名字，“贡”是山。高黎贡开始记忆的时候，

高黎贡山雪

意味着一个家园的诞生，一个山魂水韵的生命的繁衍和延续。在往后风吹雨淋的漫长岁月里，万千生命枕着古老雄劲的山脉笑傲苍穹，生生不息。从此，这里的一草一木、一山一石都与生命有关。史前恐龙赖以生存的食物树蕨像一把古老的绿伞，永远垂向那个庞然大物的化石，留给哪里有酒哪里有歌的景颇、傈僳山地民族无穷的遐想。土生土长不仅是生命的一种方式，也是对文明的一种嘲笑。在自诩为现代人的我们眼里，运用先进手段将高黎贡山的野生物种搬进城市，移栽到自家的花园，像一具镶嵌在玻璃橱窗里的时装模特，有鼻有眼、阴阳分明地站在那里，供时尚前卫的人们欣赏，这难道不是一种世俗化了的精神山体滑坡么？

这是一个神的部落。高黎贡人基于对大自然原始而朴素的崇拜，信奉神灵，崇尚鬼魂，敬畏自然，无论日月星辰，还是山川河流，都是神灵创造的，猎有“猎神”，山有“山神”，水有“水神”，路有“路神”，树有“树神”，圈有“圈神”，灶有“灶神”，寨有“寨神”……众神之上，山神是高黎贡人敬奉的最高神祇。无数尊神指引无数条路，无数尊神托起无数生灵，或保佑，或惩戒，或生，或死，祖祖辈辈在这冥想的神话世界里，有规有矩地谈情说爱，生儿育女，一切在神的法则统治下，变得井然有序，也更不可思议。人死之后，善良的变成神，邪恶的变做鬼，譬如祖先是后世子孙不得不敬仰膜拜的神。冥冥之中，飘荡在高黎贡上空的男鬼、女鬼、家鬼、野鬼、辣子鬼、琵琶鬼……趁一个黑夜，悄悄依附于一棵大树，渴望再生和转世。或许，我们

高黎贡山清泉

该送他们一程。因为，他们，或者今后的我们，都将化作一缕无形的神，守望高黎贡的山峰。

这应该是一个狩猎的部落。“部落”一词本身就含有集体渔猎结合在一起的原始群体之义。狩猎对于城里人来说，是一种酒足饭饱后的刺激，而对于高黎贡人则是起码的生存挑战。在高黎贡山的村落里，居住着世代打猎为生的猎户，一把把弩箭紧握猎人之手，用一个民族独有的精准度，捕获梦寐以求的生活。每一个猎人的心目中，供奉着至高无上的猎神，打到的猎物，最神圣的头颅心肝首先祭祀这位主宰分配的神。

秋天是狩猎的最佳时节，猎人潜伏在高黎贡山的密林里，剑拔弩张的寂静，猎狗焦灼的狂吠，“嗖”的一声，一只猎物瞬间化做另一个世界的鬼。你若碰到这场面，不论是熟人还是生人，豪爽的猎人会分给你一份，这是神的旨意，神定下的规矩。

走进高黎贡山，处处散发着原始森林的浓郁气息，充足的氧气让你忘却了高山反应。天空湛蓝，大地如茵，空山幽谷，霭岚氤氲。脚踩布满荒草腐叶的山径，有新落的，有千百年沉积的。手中拿一根棍子，边走边扒开牵牵连连的藤萝，不是什么植物专家、鸟类专家的话，你根本叫不出它们的名字。此时此刻，看着挺拔的古木，遒劲的老藤，徜徉于花海深处，谛听飞鸟的鸣啭，偷觑“猴哥”的舞蹈。置身这个王者的世界，领略杜鹃之王、秃杉之王、银杏之王、榕树之王和森林之王的风采之后，人才感觉到真正的渺小，仿佛一根缠绕巨木上攀援的藤蔓，只是借助了大自然的伟力，才找到继续存活下去的理由。

人们喜欢把眼睛比做心灵的窗户。高黎贡那一条条彩练般的溪流，飞泻垂挂的银瀑，变红变绿的高山温泉，像一双双清澈见底的眼睛，点缀着高黎贡的绰约风姿。倘若劳顿的话，沐浴阴阳谷温泉，浸泡在温润柔滑的泉水里，自身的肌肤和大地的肌肤游在同一水平面，浅泳荡漾，戏水娱乐，闲看天上云卷云舒，任由身心自由舒展，惬意而悠然，安闲而自在，尽情感受大自然的冷热情怀，洗涤尘世的污垢和烦恼、职场的厮杀和纷争。刹那间，性别被天然同化，天然的水洗却天生的差异。

高黎贡之春

闭上眼睛，天地万物平等地泡在水里，超凡，脱俗，和谐。和谐是高黎贡的精神，阴阳是男女的经典，阴和阳高度和谐的时候，生命便诞生了。

高黎贡不但拥有一片古老的森林，还拥有一条古老的道路——中国南方丝绸之路的永昌古道，是整条南方丝路最为凶险的一段，比李白想象的“蜀道难，难于上青天”难上几百倍。一路奇峰险壑，重峦叠嶂，峭壁万仞，绝崖耸峙，江河纵横；深入不毛之地，出没瘴疠蛮荒之境，尤其穿越笮桥、栈道，面对悬崖下的万丈深渊，湍湍激流，连一向胆大妄为的领队头骡都望而却步，何况一个个活生生的赶马人，该多么胆寒心惊！走过坎坷、艰险、劳顿、困厄，逶迤而来的马帮，简直就是一支雄心勃勃的敢死队。

千年马蹄敲击的永昌古道，悠悠驼铃苦吟的永昌古道，无奈和无边无际的道路，犹如镌刻在高山峡谷间的一条优美唇线，散落多少烈马的悲欢、人间的离合、山歌的粗犷，唯有静寂无言的高黎贡山，轻轻荡响辚辚马蹄的回音，像落雪，像秋叶，无声无息地垂下厚重的一幕。

当年的悲怆和伟烈，像风，像云，像雨，皆已飘逝，皆已湮灭，只有高黎贡山巅终年不化的积雪，宛若一个童稚的孩子，默默注视着曾经经过的，未曾经过的，正在经过的……

高黎贡山原始的美是“一幅精选的风景”，这是19

原始森林夜景 ┊ 白眉长臂猿

世纪法国象征派大师魏尔仑在《月光》中写下的诗句，“一幅精选的风景”。这位饱经沧桑最终忧患贫病而死的“被诅咒的‘诗人之王’”，“始终是、并且永远是一个孩子”（弗朗索瓦·科佩），他一点也不会保护自己，永葆一颗孩子的心灵，用他自然的诗，朴实的感情，展示如此不安而又如此纯真的人性光芒。

高黎贡不正是这样一位坚守地球最后一片净土的永远的孩子？那蕴藏在原始密林的人类最初的本真和至爱，那布满青苔的细腻的呼吸，那颗永远长不大的童心，清风般抚慰着缺氧的大地，款款地唤醒破碎的冷月，坠落的星辰，惊恐的猿啼，喑哑的鸟鸣，给地球上无家可归的生灵营造一个“生命的家园”，一个远离流血和杀戮的避难所。

当地球慢慢变老，只有孩子的心灵，跟每一个呵护她的人，一起相约高黎贡。

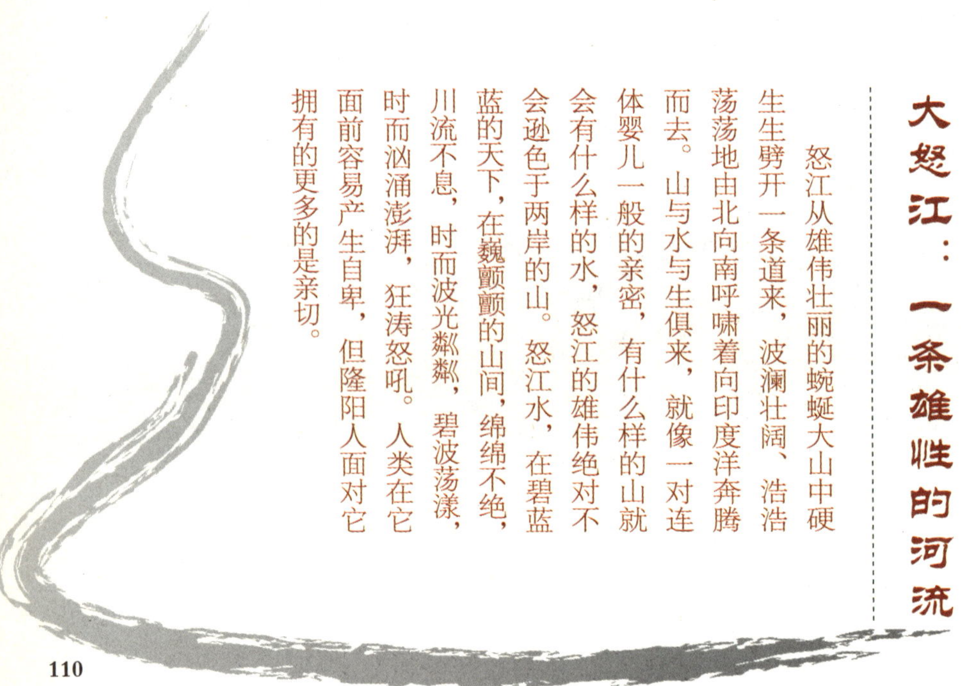

大怒江：一条雄性的河流

怒江从雄伟壮丽的蜿蜒大山中硬生生劈开一条道来，波澜壮阔、浩浩荡荡地由北向南呼啸着向印度洋奔腾而去。山与水与生俱来，就像一对连体婴儿一般的亲密，有什么样的山就会有什么样的水，怒江的雄伟绝对不会逊色于两岸的山。怒江水，在碧蓝蓝的天下，在巍颤颤的山间，绵绵不绝，川流不息，时而波光粼粼，碧波荡漾，时而汹涌澎湃，狂涛怒吼。人类在它面前容易产生自卑，但隆阳人面对它拥有的更多的是亲切。

“阿怒日美”，这是怒族人对怒江的称呼，“阿怒”是怒族的自称，“日美”是江河之意。一个骁勇顽强的民族与一条桀骜不驯的大江同出于一个“怒”字，可想而知，在高山峡谷行走该是多么艰险无畏的旅程。面对高黎贡山和碧罗雪山天堑的阻挡羁绊，没有怒不可遏的非凡勇气，定然冲决不出一条属于自己的路。

其实，怒江自发源于青藏高原唐古拉山南麓的吉热帕格，从长途奔流到西藏嘉玉桥下，往东流入他念他翁山和伯舒拉岭之间的峡谷，到贡山县齐那桶才叫怒江。而上游藏语叫做“那曲河”，古代地理专著《禹贡》称为“黑水河”，一路途经云南的怒江、保山、临沧、德宏 4 个州市，从芒市出境入缅，冠以一个殖民地色彩浓重的名字——萨尔温江，最终由安达曼海的莫塔马湾注入印度洋，全长3240公里，其中，中国境内长2013公里，云南段长650公里，怒江大峡谷全长316公里，仅次于美国科罗拉多大峡谷，号称世界第二大峡谷。

怒江鸟瞰

怒江大峡谷，响亮地说，应该叫做东方大峡谷，它以雷霆万钧之势、黄钟大吕之音响彻云岭大地，如猛虎咆哮山野，如惊雷轰鸣寰宇，如熔岩燃烧峡谷，集壮阔壮观壮丽壮美于一身，不失为生命和灵魂的栖息地。九曲回肠的大怒江，“一滩接一滩，一滩高十丈，”跌跌撞撞，怒吼嚎叫，激情澎湃，仿佛一匹脱缰的野马，在危崖峻岭间奔突，在万壑幽谷里放歌，与澜沧江、金沙江一道同台上演一出大型地球史诗。“三江并流”可谓红土高原石破天惊的诗眼，把大地巧夺天工的构思发挥到极致。欧亚板块和印度板块挤压切割出来的褶皱里，贮藏着蓬勃的液体火焰，赋予史诗无穷的创造空间。大自然的鬼斧神工，写就奇

怒江湾

峰险壑、巉岩峭壁不朽的无字天书，抒发皑皑白雪、涓涓溪流的款款深情，点缀一个山歌般悠扬、鲜花般灿烂的民族。冲出高山峡谷，又以火的热情孕育了一个瓜果飘香、美丽富饶的干热河谷，当地人温馨地称它潞江坝。怒江，以水的柔腻，雾的妩媚，山的粗犷，诗的激情，在祖国西南的雄山大川里描绘了一幅天人合一的巨幅长卷，荣登“人类童年的活化石”、“民族文化的大观园”的宝座。

怒江，你流得奋不顾身，荡气回肠。你是江中的一条野汉子。

怒江素有“水无不怒石，山有欲飞峰”之说，它日夜不停地奔腾于高黎贡山和碧罗雪山的夹缝里，千百年来，像一个顶级障碍赛跑运动员，铆足平生的力气，穿峡越谷，飞滩历险，跌宕起伏，从1400米的生命制高点，骤然跌至760米的低谷，即使粉身碎骨，死无葬身之地，也要把甘露琼浆洒向两岸万千生命。葳蕤茂密的原始生命，丰富多彩的奇花异卉，种类繁多的珍禽异兽，摇曳多姿的民族风情，共同书写一个又一个生命的传奇。

大自然馈赠给人类的太多太多。怒江，西有高黎贡山这道绿色屏障的精心呵护，东有碧罗雪山这座天然水库的无私滋养，为沿江的子民源源不断地提供丰盈充足的食物。浩瀚苍茫的高黎贡山，一道由火山、秃岭、温泉、溪流、森林、草甸、湖泊、沼泽、瀑布构成的壮丽景观，赫然成为野生动植物的摇篮，被誉为“动物祖先的发源地”、“世界物种基因库”、“自然博物馆”、“绿色宝库”、“世界雉鹊类的乐园”、“白眉长臂猿的天堂”，一系列诗意的比喻，使高黎贡山迈向地球生命的殿堂。曾被人喻为“万瀑千湖之山”的碧罗雪山，飞瀑密布，湖泊云集，云蒸霞蔚，氤氲缥缈，宛若一位高贵典雅的圣女，汩汩流淌滢澈纯净的生命之水。“她的每一滴泪，都是世上最干净的水，”洗涤着怒江与生俱来的野性，伴随木棉花开的傈僳澡塘会，那一朵朵千姿百态的出水芙蓉，与你分享一份原生态的美丽。

曼海大桥

夕阳映红怒江水

怒江之美，在山，在水，更在人。浓郁淳朴的民族风情增添了怒江内在的魅力，令无数金发碧眼的老外唏嘘惊叹！悠扬的芦笙，悦耳的口弦，伴你走进傈僳人家，围着彤红的篝火，跳着欢快的舞步，吃着手抓焖饭，喝着醇香的杵酒，“同心”唱响无伴奏四声部，一个古老民族的“阔时节”在歌舞声中踢踏作响。乘着酒兴，来到独龙山寨的剽牛场，披上“卡雀哇”（独龙春节）节日的盛装，铮铮鸣响的铓锣为你助兴，甘醇的烈酒为你壮胆，随着修长的竹签剽向祭牛，一个民族对天的崇高敬畏化做一场宗教祭祀的盛宴。当你的野性渴望回归的时候，千万别错过怒族神秘的“鲜花节”，跟随山路上朝仙的人群，争相把一束鲜花献给心中的女神阿茸，悄悄接一碗仙乳带回家。那是石头挤出的水，怒山母亲的乳汁，哺育鲜花般绚烂的各族儿女。

走进大怒江，走进心灵的诗意栖息地。在这个权力和物欲极度膨胀，全球都在抵赖（赖空气、水源、太阳、债务……）的社会，怒江还能坚守最后一份原始处女的领地，显得尤为清纯。

怒江以其美丽的野性，卓然而立于山水之间，采日月之精华，集天地之灵气，悍然泼洒成一幅流动的画卷，浩浩荡荡，震山撼岳，狂飙突进，潇洒、飘逸、俊美，令怯懦者变得坚强，颓废者变得勇敢，绝望者充满希望。大怒江，像块柔软的铁，锻打着逐水而居的山地民族，子子孙孙镀上一层钢的属性，世上再坚硬的水也无法锈蚀这山魂水魄的精神和意志。

怒江流传着这样一首歌谣：有山才有林，有林才有水，有水才有田，有田才有粮，有粮才有人。生活在沿江腹地的子民，靠山吃山，靠水吃水，祖祖辈辈面朝大江，背倚大山，即使收获的是一贫如洗的日子，也能凭借一条溜索，轻松穿越世界上最凶险的天堑。看！那一个个轻捷如燕的身姿，是凌空飞翔的怒江。在众多不同凡响的“云南印象”中，怒江溜索首屈一指。

“十里不同天，万物在一山。”立体气候不仅造就了怒江千姿百态的生命，也造就了变化无常的性格。春来江水绿如茵，一江碧玉，两山杜鹃，把怒江装扮得分外妖娆迷人，俨然一位楚楚生情的青春女子。盛夏江水暴涨，浊浪滚滚，险象环生，仿佛一头死里逃生的犑牛，撞击山峡发出轰隆隆巨响，将怒江之“怒”张扬得淋漓尽致。秋天江水清澈湛蓝，平静如镜，悠悠白云浮游水上，两壁青山倒影其间，秋水共长天一色，一幅美轮美奂的立体山水画。冬天怒江水光潋滟，黛绿深邃，木棉开在春天，半江瑟瑟半江红，宛如一个热情成熟的怒族小伙。

怒江，一条粗犷豪放的大江！流着春夏秋冬，流着岁月沧桑，流着大海的梦想……

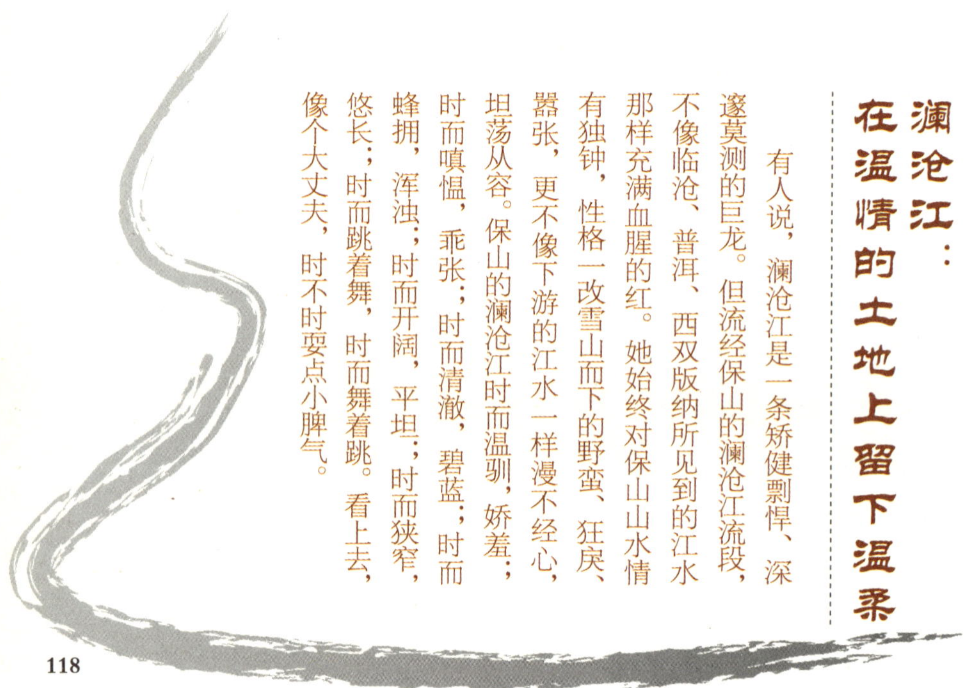

澜沧江：在温情的土地上留下温柔

有人说，澜沧江是一条矫健剽悍、深邃莫测的巨龙。但流经保山的澜沧江流段，不像临沧、普洱、西双版纳所见到的江水那样充满血腥的红。她始终对保山山水情有独钟，性格一改雪山而下的野蛮、狂戾、嚣张，更不像下游的江水一样漫不经心，坦荡从容。保山的澜沧江时而温驯，娇羞；时而嗔愠，乖张；时而清澈，碧蓝；时而蜂拥，浑浊；时而开阔，平坦；时而狭窄，悠长；时而跳着舞，时而舞着跳。看上去，像个大丈夫，时不时耍点小脾气。

澜沧江，少走一步，是中国的江；多走一步，是世界的河。澜沧江是一条充满传奇和故事的大江。对于澜沧江的起源，上中下游的子民各有各的说法。

传说澜沧江、怒江和金沙江是美丽的三姐妹，长得如花似玉，美貌惊人，但三姐妹性格迥异，脾气不同。大姐金沙敦厚善良，二姐澜沧豪放不羁，三妹怒女暴戾执拗。三姐妹长大后，高原和雪山父母亲，准备把她们远嫁到东方。金沙生性乖巧，一切听命父母安排；怒女死活不依，坚持嫁到南方；只有澜沧情深意长，体贴有加，既担心大姐人善被人欺，马善被人骑，又生怕小妹怒女惹是生非，滋生事端，于是，澜沧姑娘先送金沙一程又一程，完全放心之后，才恋恋不舍地挥泪洒别大姐，然后陪伴小妹怒女南去。大姐就是金沙江，小妹就是怒江，二姐就是今天的澜沧江。当然，这只是上游的说法。

传说三条江是三姐妹，父母亲许配给三个龙王。大姐金沙温柔似水，许给东海龙王爷；二姐澜沧狂野乖张，许给南海白龙王；三妹怒江心灵手巧，许给天宫黑王爷。可是，二姐不爱白龙，偏爱黑龙，三妹一怒之下，赌气嫁给白龙王。结果，大姐嫁得好人家，金山银山做嫁妆，金沙银沙铺婚床；小妹偶对如意郎，夫妻恩爱脚步勤；只有二姐上错花轿嫁错郎，以貌取人，嫌贫爱富，错嫁负心黑龙王，惨遭欺凌乱逃窜，东藏西躲泪遮面，最后流成一条"烂窜江"——澜沧江。其实，澜沧江源自藏语"拉曲"，"曲"即江、河之意，"拉"藏音跟汉语的"澜"相近，"拉曲"音译成"澜沧江"；另据古汉语，"澜"乃大波，"沧"通"苍"，青绿色之意；澜沧江，意即"清波碧浪的江河"。这是中游的说法。

传说澜沧是太阳的第十个儿子，悄悄爱上南海龙王的小女儿，他不惧天规戒律，深夜溜出天宫与小龙女幽会。日深月久，太阳老爹察觉了，大怒，澜沧被逐出天宫。然而，他深爱着小龙女，在南海频频幽会，他俩来去的爱情之路变成了一条黑水，就是今天的澜沧江。这

澜沧江湾

是下游的说法。

澜沧江流出国门，叫“湄公河”，有母亲河之意。

在浩瀚苍莽的横断山脉腹地，澜沧江、怒江和金沙江同台上演三出大型地球史诗，可谓惊天动地的“激流三部曲”，无论哪一个乐章都一样精彩纷呈，一样激情飞扬，扣人心弦。从共同的发源地青藏高原唐古拉山口，一路排山而来，穿峡而来，纵横跌宕，恢弘壮阔，向南，向南，一路向南……似乎地球再强大的磁场引力也拽不回南行的步履，可万万没有想到，一个“三江并流”靓丽的合影之后，金沙江在丽江石鼓镇幡然醒悟，忽然，掉头东去，纵身谷底，虎跳峡一个石破天惊的转身，孕育了同样波澜壮阔的中华文明。而澜沧江和怒江却一意孤行，踉踉跄跄流出国门做了“国际母亲”。

澜沧江虽是一条野性的河，但从老永保桥（永平至保山）开始，直到昌宁与凤庆的交界

兰津古渡

处，这不足一百公里的旅途，称得上是澜沧江温馨而浪漫的旅程。

从玉树杂多县吉富山源头到保山段，不管澜沧姑娘云藏雾躲，半遮琵琶半掩面，早晨霭岚弥漫着她，傍晚暮色笼罩着她，夜晚夜幕吞噬了她，但她尽情享受飞峡越谷的激情冲浪之后，解开所有束缚天性的衣衫，柔情脉脉地躲在高峡之床，像一个痴情女子静静躺在高原峡谷的臂弯里，沉沉一线，酣然入梦，呼吸着山野气息，呼吸着春光水色，呼吸着天地精血日月精华。伟大也许就在这里，一个人经历了多少世事沧桑，不摆半点架子地躺下，任凭自然的伟力冲刷自己，洗礼自己，流逝自己；多少甚嚣尘上的往事、颐指气使的威严、利缰名锁的困惑、惊涛骇浪的击打，统统化做澜沧江浪花一朵！

流经保山的澜沧江，不像临沧、普洱、西双

中缅输油管道桥跨过澜沧江

版纳所见到的江水那样的猩红。她始终对保山山水情有独钟，性格一改雪山而下的野蛮、狂戾、嚣张，更不像下游的漫不经心，坦荡从容。保山的澜沧江时而温驯，娇羞；时而嗔愠，乖张；时而清澈，碧蓝；时而蜂拥，浑浊；时而开阔，平坦；时而狭窄，悠长；时而跳着舞，时而舞着跳。看上去，像个大丈夫，时不时要点小脾气。

鸟瞰澜沧江

澜沧江的水，如此灵动摇曳，清丽可人。会说话，会唱歌。她流淌的语言，滚动的话语，与所有的青山对话，跟所有的人私语，像道人山的野苤菜花炫丽烂漫，像两岸燃烧的杜鹃花灼人眼目，像江心横掠的飞鸟轻盈迷人……总是在激情洋溢的地方构思激情飞扬的篇章。

伫立江边，注视着默默无言的澜沧江，可以感觉江水特别的凉，也特别的温柔……

因为，澜沧江流经保山这片温情的土地。

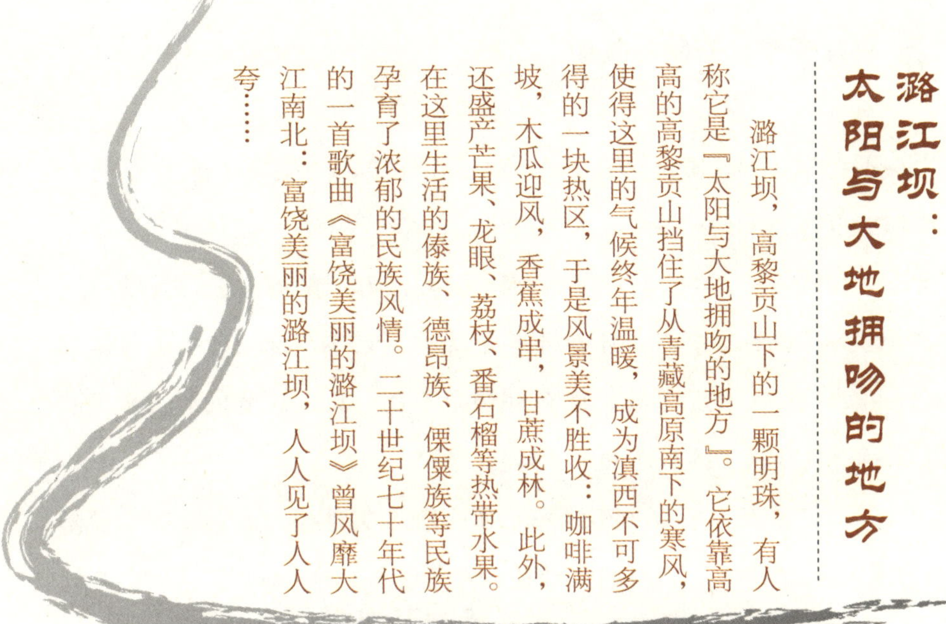

潞江坝：太阳与大地拥吻的地方

潞江坝，高黎贡山下的一颗明珠，有人称它是『太阳与大地拥吻的地方』。它依靠高高的高黎贡山挡住了从青藏高原南下的寒风，使得这里的气候终年温暖，成为滇西不可多得的一块热区，于是风景美不胜收：咖啡满坡，木瓜迎风，香蕉成串，甘蔗成林。此外，还盛产芒果、龙眼、荔枝、番石榴等热带水果。在这里生活的傣族、德昂族、傈僳族等民族孕育了浓郁的民族风情。二十世纪七十年代的一首歌曲《富饶美丽的潞江坝》曾风靡大江南北：富饶美丽的潞江坝，人人见了人人夸……

桀骜嚣腾甚至过分张扬的怒江一进入隆阳区的境内，顿时变得恬静、柔纯而婉约起来，袅袅婷婷却又恣意四处浏览，于是江面陡然变宽，江流陡然变缓，成了一条母性十足的大江，连名字也被当地人改成一个女性化的称呼：潞江。从芒宽乡至潞江镇，怒江一路蜿蜒，形成一条一百多千米的峡谷。怒江以东险峭高耸的碧罗雪山余脉和怒江以西海拔梯次上升的高黎贡山夹峙，雄性的山和一条母性的河完美结合，孕育出素以逼仄、狭长、险峻闻名的怒江大峡谷一块蓄发兼收、张抑

美丽富饶的潞江坝

兼容的“另类”地方——潞江坝。说潞江坝“另类”，是指它位于峡谷腹地而不狭窄，位于两山对峙之间而不失纵深，长而不乏阔，雄而不失秀，险中带着幽。

自然景观，凝固的美丽

不经意之间，潞江坝在不动声色的沉稳间完成季节的轮回，春天的脚步叩响了峡谷的山山水水。大峡谷的春天没有江南春天的矫情，也没有“哗的一声，冰破了，春天来了”北国春天的石破天惊。峡谷的春天总是那么性急，却又不声不响地降临，来不及荡去秋的金黄，冬的衰叶，犹如一位颇受欢迎的名演员来不及上妆，甚至来不及换上演出服就被观众热烈的掌声催上了舞台。

攀枝花是春天的第一声号角。那些散落在村寨周围，或怒江沿岸的火红的、淡黄的、血色的攀枝花一片片绽放，红得似火，灿得如霞，宛如大地托起的一把把火把，又像满谷插遍的一束束礼花。看着怒放的攀枝花，峡谷里的人们还未来得及打算“今年的冬天怎样过？”眨

春满潞江坝

眼之间春天的气息就铺天盖地而来了。粉红的桃花，淡绿的芒果花、荔枝花急匆匆地赶着去展现自己的风采——潞江坝转眼之间就成了花的海洋。

水格外绿。怒江在“七涨八跌九澄清”的季节轮回中越来越清澈，发源于高黎贡山的条条河流更是清澈见底。水因至清而绿，怒江成了一条飘逸的绿绸带。而潞江坝却在这条绿绸带的衬映下显得有些许娇媚。

有道是，山有多高，水就有多深，潞江坝高山瀑布的存在以地质学的依据证明此话的合理存在。发源于高黎贡山的几十条河流，每条河流都因高耸的山峦或凸凹的岩石形成巨大的落差，千姿百态的瀑布顺势而生：山岩成峭壁型天然的岩石阶梯，形成流水重复呈现的芒宽“三叠水”瀑布；终年如有数十条或粗或细、或挺或柔的白纱在飘的百花岭大瀑布；上窄下宽，岩石成黛色，无论远观还是近看，都如一位亭亭玉立的美女在脱衣沐浴，能令人把“美人来兮，顾盼兮”这些古老诗句解读得如临其境的“美女瀑”；时时重现“飞流直下三千尺，疑是银河落九天”意境的拉仑河瀑布；瀑布和深潭组合，具有“水清鱼读月，山静鸟谈天”情趣、理趣的吾来大叠水瀑布；宛如孪生姐妹并肩玉立的芒龙三道瀑布……潞江坝简直是一个汇集各种形状瀑布的博物馆。

潞江坝是奇树秀木的天堂。阳光充足、雨量丰沛和独特的干热河谷气候，是各种树木尤其是榕树类树木生长的天堂。“木秀于林，风必摧之”的箴言在这里得不到印证，大峡谷西有绵延千里的高黎贡

榕树林

潞江交响乐

山，挡住了西来的印度洋季风，东有横断山余脉沿江矗立，两山夹峙一块海拔参差不一却狭长的地带，为深切割地貌，沿怒江至高黎贡山顶，海拔成梯状上升，形成“一山分四季，十里不同天”的立体气候和“野花四季红”的亚热带生态体系。

生长在潞江坝大地上的榕树，以它的气根着地便能萌生成一株树的特性扩张，演绎出一棵树就能长成一片森林并有着独特造型的奇观：丙闷有着一片巨大的榕树奇林群，号称“亚洲第一巨榕”的高山榕就在此；芒龙一株高山榕的主干呈扁形多棱生长，树干基部以上形成大小不等的4个空洞，可前后对穿而过，向北面伸出的主侧干上长出两株大气根着地，现已长成大树，主干犹如一位运筹帷幄的主帅，两侧的树犹如簇拥在主帅左右的大将，极其威武雄壮，形成三树并立的奇观；芒龙村拉仑一株上百年的大榕树，基部盘根错节，形成一个中空外实的巨大“人”形，状如法国巴黎埃菲尔铁塔，树基部空阔，可容纳数十人，大树上部绿枝茂密，晴天可蔽日，雨天可挡雨，犹如一座天然的房子。树下常有傣家男女载歌载舞，故被称为“舞厅树”；新光村小红光一株树龄600多年的高大榕树根部中空，形成一个巨大的树洞，当地的傣家人因材而用，竟辟为树中“餐厅”，每逢喜庆之日，洞外歌舞升平，洞内摆酒设宴；田心寨头的一株大榕树凸现出错落有致的一片树根疙瘩，全部被砍削成一个个树墩，形成一个天然的会场，称之为“会议树”。此外，分别以“筑墙树”、“护碑树”、“庄园树”、“学子树”、“龙抱树”命名的形神契合的奇树，形成别具特色的景观。

最妙的是，每株巨榕四周绿荫匝地，三伏天走进这里，顿觉酷暑全无，清凉无比，犹如巨大的空调，是一个个令人神清气爽的天然氧吧。在巨榕下或小憩，或对弈几局，或饮清茶几盅，只觉身心坦坦荡荡，令人有“宠辱不惊，漫随天外云卷云舒；得失随缘，闲看庭前花开花落”的淡泊。

民族歌舞，灵动的美丽

潞江坝16种民族大杂居、小聚居的居住格局，民族歌舞汇聚成一片生生不息的海洋。在1985年进行的保山市民族民间舞蹈普查中，收录进《云南省民族民间舞蹈集成·保山市资料卷》的9个种类的民间舞蹈中，潞江坝就占了5类；全市入选的21

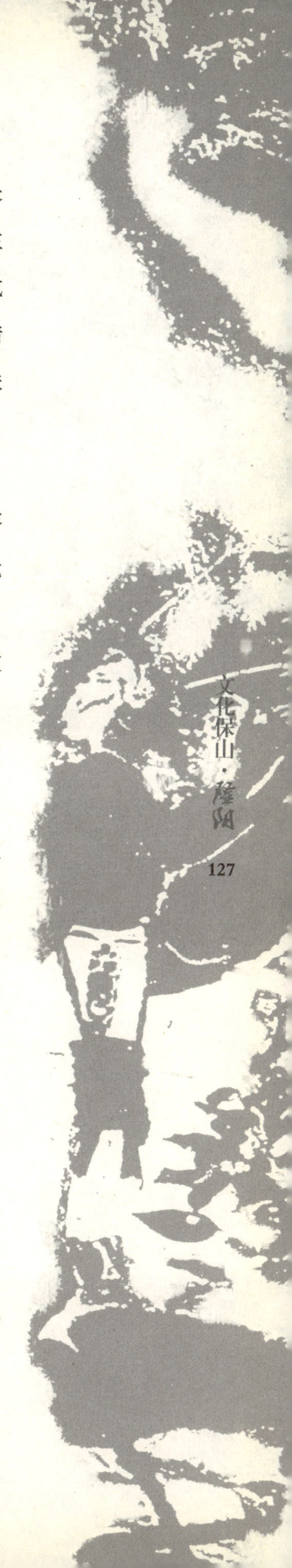

名民间艺人，潞江坝即占 10 人。

潞江坝是保山市民族歌舞相对集中和保存得较好的地方。像傈僳族的无伴奏“打拽”是至今发现的该民族最为古老亦是仅存于潞江坝一带的一种舞蹈形式，傈僳语称该舞为“夏卓果皮克”（“夏卓”是地名，“果皮克”意为破板子。这句话的意思是：“在夏卓破板子”）。该舞蹈是一种没有乐器伴奏的纯舞蹈，它反映了原始的解破木板的生产方式，舞蹈原始古朴，节奏强烈，粗犷豪放，让人体味到傈僳族人民团结一致，同心协力，克服困难的斗争精神。傣族大鼓舞，在其他地方已不再多见的情况下，一枝独秀，在继承传统的基础上发展创新，形成既能自娱自乐，又能登台表演的热烈奔放、风格独具的舞蹈形式，在杭州、山东蓬莱、昆明、保山等地多次演出中获得极高的赞誉，被杭州电视台等媒体誉为“来自云南高原的金孔雀”。德昂族的水鼓舞，往一个重约40多斤的牛皮大鼓里注入水，原本脆响的大鼓声音顿时沉浑起来，配以钹等乐器，衬托出水鼓浑厚极具穿透力的声音。苗族的太平箫（苗语“涨本都”）为古老乐器之一，现在潞江坝仅存的两首古曲《孤儿调》（苗语“涨旺抓”）和《散心调》（苗语“涨本都该饶”），有民间艺人能演奏……民族文化永不停息的传承、自我更新的蜕变、消亡以及诞生，使歌舞与原野的天籁，传递出同样的神采。田野的回响、小鸟的啁啾、春花落地的叹息、夏雨奔腾的喧嚣、秋果丰硕的愉悦、冬日内存的深沉，都在歌舞中找到表现的语汇。傣族水样的灵性，丝绸样的缠绵；彝族火样的热烈，夸父逐日般的执著；傈僳族牛仔样的粗犷，斗牛士式的剽悍……都在民族歌舞中找到鲜活的标本。

原生态歌舞

傣族丢包

傈僳族四声部合唱团走进央视演播大厅

歌舞中，绚丽的民族服饰被注释成天边金碧辉煌的彩霞。象脚鼓激昂的鼓点，葫芦丝悠扬的颤音，大三弦欢快地跳跃，大鼓圆润浑厚的沉音，大钹气吞如虎的震撼，芦笙抑扬顿挫的回响，每一个鼓点，每一种舞步，每一种声音都在激荡着人的感官，都在刺激着敏感的神经，让人的心也一抖一抖的，忍不住跃入舞场，尽情释放自己的喜悦。

而数次进京表演无伴奏四声部合唱的傈僳族合唱团和在全国少数民族乡村歌手演唱比赛中荣获银奖的蒙美元组合，这些将阳春白雪和

怒江晚霞

下里巴人有机结合的民间艺人，就像把潞江坝这块土地上不同颜色、不同质地的土抟成黏土，然后再把黏土创制成各种艺术品一样，令人在感受狂热歌舞的同时信服：潞江坝，是一个“盛产”民间艺人的地方。

开心的傣族老人

人文历史，沉郁的美丽

南方丝路永昌道西越兰津古渡霁虹桥后进入今保山城内，然后分南北两路出境。南路经石花洞、蒡子铺、冷水箐、蒲缥、道街、怒江惠仁桥抵坝湾（今潞江镇）后又分两条，一条经上卜蛮哨越高黎贡山至腾冲，一条沿江而下经镇安、芒市出境；北路经瓦房、西亚，登灰坡梁子过高黎贡山北斋公房抵腾冲界头，或经汉庄青岗坝、杨柳、双虹桥、百花岭过南斋公房越高黎贡山抵腾冲曲石。古道，古称“蜀身毒道”（蜀：四川；身毒：今印度），据史料记载：“蜀身毒道”不仅早于南方海上的“丝路”，而且比汉

德昂族全家福

武帝时期张骞出使西域后所出现的“北方丝绸之路”还要早两个多世纪，“开通中印经济通道，始于公元前 4 世纪中叶以前”。

唐代樊绰在其所著《蛮书》里首次以当地土著民族命名为“高黎贡”的一座大山，随着时间的磨砺，显出生命成熟的绚烂之美和沧桑更替的参差之美。这座山，肯定是樊绰心仪而又痴迷的一座大山，于是，他在灵感顿显完成给山起名的愉悦中，拈须一笑，又抬起他的如椽大笔，将“冬日欲归来，高黎贡山雪；秋夏欲归来，无那穹赕热；春时欲归来，

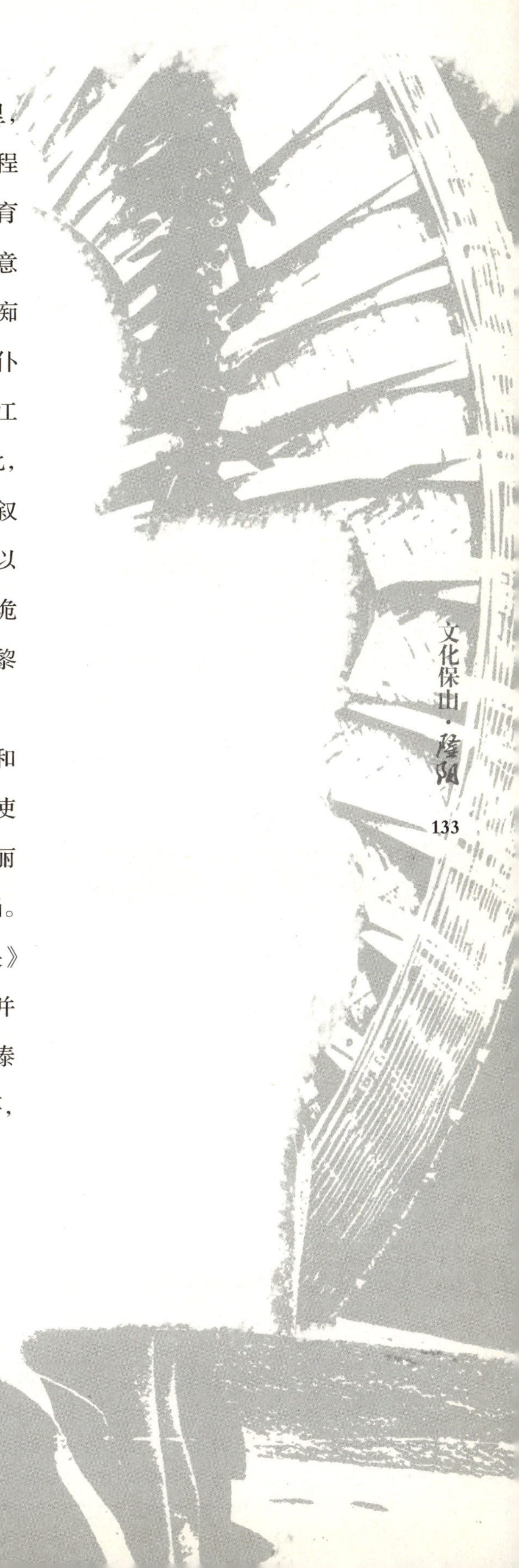

囊中络赂绝”的《高黎贡山谣》添进了书里，在细述商贾过大峡谷翻越高黎贡山的艰辛过程中，潞江坝因此被文化的因子滋润，开始孕育沉甸甸的人文历史。高黎贡山作为一种文化意蕴的圣地令历朝历代的文人骚客、学者志士痴迷不已。明朝崇祯十二年（1639年），风尘仆仆的徐霞客于七月初十从松坡起程，进入潞江坝芒宽乡境内的打狼村。在“遥望由巨山在此，横亘西下，此北冲后山，夹溪西行……”的叙述中，徐霞客用十天的时间考察了潞江坝，以他优美崇实的文字，生动地描绘了这里神奇诡谲的风光和风土人情，首次向世人揭示了高黎贡山的来龙去脉。

随后，明代侯琎、清代赵翼、民国赵藩和李根源等众多文人留下的流芳百世的诗文，使高黎贡山有了深厚的文化底蕴，潞江坝在美丽的外表下，孕育了令人反复品味的文化内涵。而诸如发生在潞江坝的《月罕姆卓与冒龙央》故事（此故事与《南木诺娜与召树屯》、《娥并与桑洛》并称为“傣族三大爱情悲剧”）和傣族象脚鼓、苗族太平箫等众多的传说、故事，

小粒咖啡
莲雾
杨桃
澳洲坚果

弥漫了这块广袤的土地。这些至今仍被当地人所津津乐道的传说、故事，是各个民族最鲜活的文学创作，是生于斯长于斯各个民族渗透进灵魂和血液中的人文记忆。

特色小吃，馨香的美丽

在潞江坝，各少数民族独具特色的饮食令人唇齿留香，是一抹香气四溢的魅力。彝家人将鸡肉、火腿、豆腐皮、粉条、蔬菜等荤素适当适量搭配，配以草果面等调味品，根据各种菜受煮程度在一锅中煮的特色菜——“杂锅菜”，印证彝族“七锅八锅不如一锅”的喜杂特点；品一品傣族以“酸”为调料，烹制闻名遐迩的酸扒菜、酸蚂蚁、田螺烩笋子。傣家人的巧手能将攀枝花、白花、芭蕉花等植物的花，佐以其他调料，做成一盘盘美味绝伦的佳肴。特别是将一种名为染饭花的花汁拌入糯米中蒸熟的“花饭”，食之松软可口而清香扑鼻。将可以果腹的米饭做成赏心悦目的“艺术品”，既满足生理的需要，又饱尝一顿视觉盛宴，傣家人与生俱来的浪漫立刻彰显出来。

走进傈僳寨子，结识一个被酒浸泡着的民族——傈僳族。豪爽的傈家人定会与你喝上3碗自酿的包谷水酒。包谷水酒不通过蒸烧，把水掺入已发酵的包谷面或包谷砂中，搅拌后用空心藤或胶管抽出来喝，这种水酒只有10多度，味道香美、醇正，饮后可提神解渴，远近闻名的傈僳族“倒杯酒”、“交杯酒”和“同心酒”即饮用这种包谷水酒。让客人在傈僳族“倒杯酒”、“交杯酒”和“同心酒”的仪式中领略傈僳族的古朴民风。尝一尝傈僳族用漆油（一种当地人称之为“漆树”的果炼制而成的油）烹制的鸡肉，傈僳语称其“暇拉”。）这种首先用漆油将拌有盐等作料的鸡煎至略黄，然后依据食者人数酒量倒入烈酒（一般为包谷酒或米酒），文火煎至黄熟后给烈酒点火，灭火后揭开锅盖，酒香肉香掺杂的“暇拉”，不仅令人馋涎欲滴，而且能温中和胃，祛湿祛寒。品一品傈僳族待客最隆重的一道名菜烤乳猪（又名“火烧猪”）和“包谷砂烀猪脚”（包谷以其粗纤维、高蛋白被称之为五谷杂粮中的精品，猪蹄以其高钙含量被称之为动物中的上好补品，包谷砂煮猪蹄，两者“优势互补”，被人称之为极品）。

在潞江坝，拜访苗家人，一定要尝尝苗家饮食中极具特色的“连渣捞”。苗家人把粒大饱满的黄豆浸泡，然后拿到石磨上碾，一边推一边浇水，碾碎黄豆后流成生豆浆，然后将生豆浆放在纱布上过滤，放到锅里慢慢熬稠，取出拿到模具上压制；随后将青菜等蔬菜切细切碎，趁豆浆滚烫并且未完全凝固时倒入，用豆浆将青菜等蔬菜烫熟，待豆浆冷却凝固成豆腐后取出，放入食盐、芫荽、香椒、辣椒、芝麻等作料拌食，吃了能祛内火，清肺醒目，达到食、药两用的功效。

此外，还可以就着本地的小锅酒，尝一尝在石臼里以青辣椒、大蒜、花椒、姜、盐和味精等舂制而成的蚂蚱，通体

金黄的油炸“知了”（蝉），蜕皮后裸露出雪白的胴体却被油炸至焦黄的“温顿”，傣家人以自己的节日命名的“泼水粑粑”、“泼水汤圆”……在芳香氤氲中，可以仔细品味这些高蛋白质、高碳水化合物、低脂肪、低热量的各民族美食。面对各民族的佳肴美酒，令人感到：当现代人的肠胃被各种反季的、速长的食物亲热，味觉被各种调味品混淆的时候，原汁原味、天然的、绿色的食物显得多么弥足珍贵。

品味潞江坝傣族长桌宴

民族习俗，古朴的美丽

“郎家什么都不缺，只缺烧火煮饭人”、“妹家什么都不缺，只缺犁田踩耙人……”，在情意绵绵的氛围中感受彝族青年男女谈情说爱的“烧火向（烧火塘）”；看一看当地的傣族，其出生后就由父亲栽一棵榕树，与刚出生的小卜哨打姊妹，将树认为自己的干女儿。每逢节日，或是偶有身体不适，抑或自己的婚事，小卜哨便来到自己的“姊妹”身边，坐在“姊妹”粗壮的树根上将自己心底的秘密向大树倾诉。瞧一瞧当地的傣族认为傣乡始建村寨的长者，他的灵魂附在了寨子的某棵树上，为了纪念老者，庇佑寨子，故以榕树为图腾信仰。每年都要祭拜榕树，称为“祭社树”的仪式。每逢节日，还可以观赏到由数张桌子排成长龙，众人搬来自家烧的可口饭菜，拼凑成“百家宴”，形成众人同食“百家宴”的奇观。

在榕树的巨大绿荫下，一伙伙傣家少男少女正在进行“丢包”（傣族青年男女分两行站，相互把自制的沙包朝自己喜欢的对方掷去，对方若有意，就接住沙袋回掷对方；若无意则不接，投掷者便知道自己是“落花有意，流水无情”，便改掷别人）。

“丢包”实为傣族青年男女相互试探喜爱之情的一种游戏，傣语称为“别广”。“丢包”之后，互相有感情的一对对青年男女便相约来到榕树下，匿身在树的一角，似漫不经心的一对对年轻男女却是在巧妙地传递着浓烈的柔情，在平平淡淡的话语中释放着少男少女的情怀。榕树底下成了傣族青年男女谈情说爱的场所，傣族青年男女之间的爱情就有了一种“情为媒，树为证”的浪漫。年长者看到一对对在榕树下的少男少女，便明白了其中的“故事”，绝不会有人故意去打扰他们。

在潞江坝，人人都可以寻找到一种适合自己或者自己感兴趣的一种“习俗”。傈僳族的射弩、彝族的荡秋千、苗族的斗狗……无不在各种“玩”的习俗中显示着智慧。而这些多姿多彩的习俗，是潞江坝各民族的包容性、深邃性和丰富性的体现，是一种淡然、自然、从容的生活方式。各民族永不脱节的习俗传承，是盛开在各民族中间的永不凋谢的绚烂之花。

潞江坝的魅力是永恒的。这些魅力是大自然鬼斧神工后的青睐，是各民族和睦、和谐后的融合，这些魅力丝丝溶入潞江

坝的天空、大地，缕缕飘溢在各民族的生产、生活，定格成一首浸润着温情的诗、一幅绝妙的画，或者一曲欢快的歌、一部内涵丰富的哲学书，就像善变的潞江，任凭是恣意的汪洋还是舒缓的平静，却永远魅力依然。有了那些恒久的魅力，至爱潞江坝是每位置身于此的人对这块得山水之势与人文之力完美结合、魅力洋溢的热土的挚情。

潞江坝，一道永远靓丽的风景线……

潞江坝风情

百花岭：高黎贡山的多情窗口

百花岭可以说是高黎贡山的一个缩影，也是高黎贡山生态旅游的接待服务基地，它位于高黎贡山东麓，是一个拥有森林、温泉、瀑布、河流的综合性生态旅游区。百花岭的美丽，不是纯粹景观上的雅致和精巧，而实实在在是要靠智慧去解读，用心灵去感悟，用激情去体验，用体力去深入的震动用全身心感官耕耘收获的人生之旅。

毫无疑问，位于隆阳区怒江峡谷的百花岭因高黎贡山而闻名；雄伟阳刚的高黎贡山又因百花岭而添几分柔美和诗意。位于高黎贡山山麓的百花岭人，对高黎贡山的感情是朴素而真挚的，在他们眼里，人与山是一种唇齿相依的关系，这可以从他们“保护高黎贡山，就是保护我们自己”的口号中得到证明。百花岭因成立了中国第一个农民生物多样性协会而和这座全球闻名的大山和谐相处，人与自然的亲近力使得百花岭在沉稳间向现在的繁华转变。

百花岭名字的由来有两种说法：一是这里白花树很多，每到花开

摆老塘变色温泉

季节，到处是花的世界，村寨也掩映在花丛中，故名白花村，又名百花岭；二是此地森林覆盖率高，一年四季如春，不管是什么季节，都有上百种花儿争芳吐艳，村寨与庞大的花海相比，犹如一个大蛋糕上的一粒黑芝麻，显得极其渺小，它的存在微乎其微，展现在人们面前的只有那上百种花点缀成的山岭，故名百花岭。

百花岭坐落在一个小盆地中，三面环山，昔日曾是南方丝路永昌道通往腾冲的必经之地。南方丝路永昌道越兰津古渡霁虹桥后进入今保山城西出分两路，其中的一路经青岗坝、杨柳、怒江双虹桥和百花

百花岭瀑布

岭过南斋公房抵腾冲曲石。一队队马帮在马锅头和马帮汉子的吆喝下走过险象环生的古驿道，将希望和文明一站站传递下去，清脆的铜铃响彻几个世纪。百花岭的旧街自然就成了物资集散地。保山来的马帮将东西驮至旧街卸驮休整，等待从腾冲曲石经南斋公房翻越高黎贡的马帮来此地汇合交易。马锅头和马帮汉子们便会长舒口气，洗去身上的仆仆风尘，在包谷老酒的滋润下合计一下这一趟的赚头。高兴了，赌几把钱，狂饮几碗酒，将一身的劳累，将满怀的思乡之情和盼亲之恋在酒中蒸发。旧街，为马帮汉子提供一个娱乐、休憩、交易的平台，于是此地灯红酒绿，繁华异常，成就了百花岭的辉煌。百花岭成了外界了解高黎贡山和怒江峡谷的一个窗口。

百花岭是了解高黎贡山的一个窗口。被称为世界屋脊、冰山之父的喜马拉雅山站在帕米尔高原上横空伸出一只巨臂，形成气势雄伟、横亘千里的高黎贡山。

面对这样一座绵延600余公里的大山，不同的人就有不同的解读和感悟，比如横看成岭侧成峰、远近高低各不同的哲思，人山合一的禅意等等，而在所有的感悟中，高黎贡是一个人神共居的地方似乎最契合它的神奇、俊秀、丰富和深刻。

百花岭是了解滇西抗战的一个窗口。发生在20世纪40年代那场正义与非正义、自卫与侵略的战争随着时间的流逝，已逐渐淡出了人们的视野，成为史册上一段悲壮的记录。然而，分布在怒江两岸、高黎贡山深处、百花岭南斋公房等地的多处掩体、碉堡等战争遗址，锈迹斑斑的炮弹、钢盔、刺刀等残骸，散落在村寨角落健在的抗战老兵，由于地球磁场作用“记录”的远征军将士与日本侵略者的厮杀搏击，

百花岭温泉

每当电闪雷鸣或大雨滂沱之夜“还原”的鏖战声，还能隐约听到那些忠魂彪炳日月的勇士们的搏击厮杀声。在这些遗址、残骸、实物或影像前，战争留给人的是凭吊、震惊、悲情、感动，在勿忘国耻的扼腕中，用“前事不忘、后事之师”的警言来警示世人、警醒世人、激励世人，或许才是维护和平的最佳方式。建于百花岭村的那间滇西抗战遗迹收藏室所陈列的数百件抗战遗物，浓缩了战争的图像，似乎正用它们锈迹斑斑的容颜诉说着那段残酷的历史，因而百花岭就成了了解那段历史的一个窗口。

有了那些透露历史和现实表情的窗口，百花岭就因深厚的底蕴成了透视并触摸高黎贡山的一个必经场所。百花岭是厚重的。传说百花岭大鱼塘村坡头有一张姓大户人家清明节去上坟，由于天气热，他就脱下衣服晒在坟上，该坟是风水宝地，为龙脉所在，结果回光返照，把龙的影子照射到了北京。当时明朝皇帝很担心，就命大将军邓子龙到腾越平定叛乱之际，路途间到此把龙脉劁掉，那大户人家家道就衰落下来；直至清朝年间，该户人家才出了一名秀才，后来曾到京城为官，衣锦还乡后在龙脉所劁之处修了座8米长的石桥，把龙脉接了起来，百花岭才兴旺起来。走进百花岭随便找户人家，主人会立刻给你端上碗自酿的米酒，然后和你在酒的迷幻中咂吧一下百花岭的往事，那些尘封久远的故事立刻鲜活起来。百花岭人绘声绘色地叙说，令你信服百花岭的辉煌源自那个神奇的传说，信服百花岭人的厚道、豪爽、善良源自先人的遗风家训。这里流传的诸如和尚崖的和尚煮石救过往行人；为解救黎民百姓勇挑大山堵江截流，却又因新婚妻子坏事而毅然杀妻谢罪的仙人挑山等的故事，为百花岭人的善良提供了佐证。

时光如白驹过隙。天堑变通途，马帮越来越少，百花岭也在几度喧嚣中沉寂下来。人流、物流、信息流越来越少，百花岭慢慢闭塞起来。百花岭一带的高黎贡山分布了南亚热带、热带、北亚热带、暖温带、中温带和寒温带等多个气候带，然而“一山分四季，十里景迥异”和“野花四时红”的垂直立体气候，却没有给百花岭带来真正的实惠。由于海拔高，许多农作物难以生存，与芒宽境内怒江以西其他9个村相比，百花岭显露出更多的窘迫和无奈。衣袋里的“老人头”越来越少，一方水土养一方人的哲理就越来越显得苍白无力。几度辉煌的百花岭在历史的记忆中慢慢湮灭，消寂得几乎很少有人用语言触及它。

随着水、电、路等基础设施的改善，越来越多的人走进了百花岭，外面的精彩激荡了惯于自给自足的百花岭，百花岭人立刻从懵懂中找准了自己的坐标，搞旅游，建农家乐，昔日为解决几个零用钱而到山里拔来的几种野菜立刻身价不菲。百花岭人因地制宜，种植柑橘、甜柿、泡核桃换花花绿绿的钞票。沉寂多时的百花岭再度热闹起来。古驿道、“美女瀑”、“大瀑布”、天然温泉等景观也长久地吸引了游客探奇猎艳的目光，百花岭也在丰富中添上了浓墨重彩的一笔。

百花岭是一本内涵丰富的书。走进百花岭，你可沿着风尘飘飘的古驿道追溯历史的沧桑。你会邂逅唐代樊绰，明代徐霞客、侯琎，清代赵翼，民国赵藩、李根源他们流芳百世的诗文。你会遇到“飞流直下三千尺，疑是银河落九天”的百花岭大瀑布和把“美人来兮，顾盼兮”这些古老诗句解读得身临其境的“美女瀑”。你会遇到“水清鱼读月，山静鸟谈天”充满情趣理趣的山林与深潭的绝妙组合。

百花岭的丰富内涵，就因为高黎贡山生物多样性、景观多样性和文化多样性而得到强有力的印证。百花岭的美丽，不是纯粹景观上的雅致和精巧，而实实在在是要靠智慧去解读，用心灵去感悟，用激情去体验，用体力去深入的需动用全身心耕耘收获的人生之旅。

高黎贡山

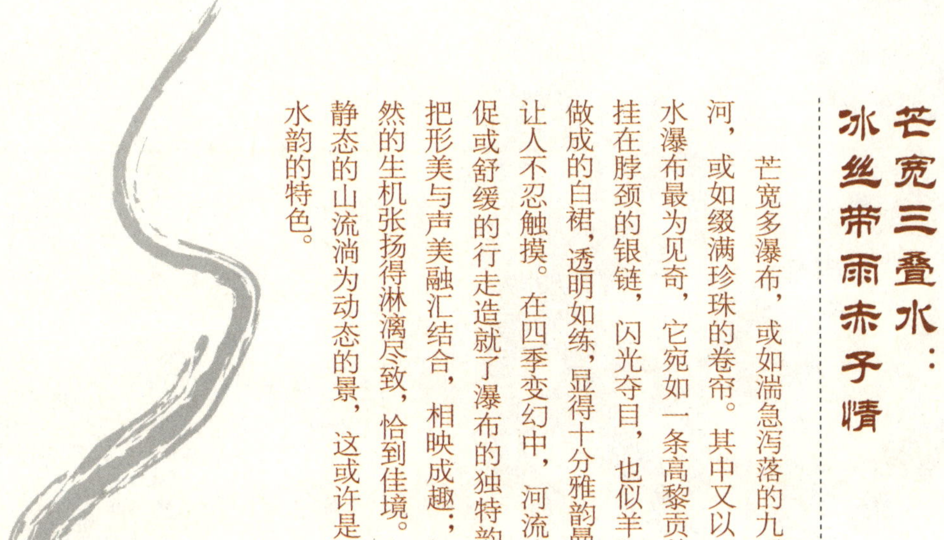

芒宽三叠水：冰丝带雨赤子情

芒宽多瀑布，或如湍急泻落的九天银河，或如缀满珍珠的卷帘。其中又以三叠水瀑布最为见奇，它宛如一条高黎贡美人挂在脖颈的银链，闪光夺目，也似羊脂玉做成的白裙，透明如练，显得十分雅韵曼妙，让人不忍触摸。在四季变幻中，河流或急促或舒缓的行走造就了瀑布的独特韵致，把形美与声美融汇结合，相映成趣；把自然的生机张扬得淋漓尽致，恰到佳境。——静态的山流淌为动态的景，这或许是芒宽水韵的特色。

芒宽乡政府西面约 4 公里处的高黎贡山山麓，有一鲜为外地人所知的壮丽景色——芒宽三叠水瀑布。藏于山峦叠翠、万木争荣的芒宽三叠水瀑布是个天然形成的岩石阶梯状瀑布，由于河流由西向东流，三道水流重复呈现，故名“三叠水”。

三叠水因其天造地设、雄奇险峻而名闻一方，树木葱茏，野花芬芳。雨季时瀑布飞流直下，气势磅礴，声震山野。旱季时，犹如银链垂空，纤秀柔美。一年四季，白练的缕缕经纬线，带着蒙蒙的水汽，仿佛丝丝的细雨直从空中飘下，湿漉漉的，和元代戏剧家、散曲家乔吉所描写的瀑布十分贴切：“石壁高垂雪练寒，冰丝带雨悬霄汉。”（《重观瀑布》）

三叠水全景

在六曼公路上远观，三叠水则又如崇山峻岭中流淌出的“三滴水”，故又名为“三滴水”。

像这样白练三叠的瀑布本就是自然奇景，如今再加上回乡台胞朱广侯先生在此投资兴建三叠水生态公园，更是自然美与人文美交相辉映。

情归高黎贡的台胞朱广侯本是芒宽人，老家就在距离三叠水瀑布不远的一个村寨。从1945年父母亲双双病故后，他到缅甸当过兵，后又辗转到了台湾，做生意，开店铺，挣了不少钱，但越来越浓烈的思乡情结却时时折磨着他。他记忆中最为清晰的回忆就是孩提时代的故乡，就连做梦也全是故乡的山和水，出现在梦中最多的场景就是故乡的三叠水大瀑布。

1992年春，正是攀枝花红遍怒江两岸的时候，离乡近四十载的朱广侯从台湾高雄回到了位于怒江大峡谷中段高黎贡山脚下的故乡芒宽。这一年，他已经是一位57岁的老人。他本是回来走亲访友的，没想到要留下来。回来一看，怒江两岸的巨大变化，让他彻夜难眠。他决定在自己有生之年为故乡的建设做一件实实在在的事，他最终选择了开发三叠水，他要把三叠水这奇山秀水推介给世人。

经过长达两年的游说和奔跑，朱广侯得到了相关政府部门的批准和支持。从1994年5月，他正式开始“三叠水公园”的建设，至今，他个人已投入资金数百万元。经过近20年的努力，三叠水第一叠、第二叠、第三叠瀑布前3座气势恢弘的观景台都已建好。同时，为了使游人登山方便而修筑的上千级台阶也已经建成。

朱广侯老人淳厚的文化功底在公园的设计中随时凸现出令人惊叹的构思和想象。在第一瀑布和第二瀑布两个险要的悬崖相接处，老人分别建造了跨度30多米的望天桥和彩虹桥两座极具中国传统文化意味的石拱桥。特别是位于山顶的望天桥，其别致的造型和一气呵成的大气派，都让人叹为观止。老人说，这两座桥整整花费了两年的时间，主要因为地势特别险峻，危险系数特别大。望天桥最后建成时，他的头发几乎全白了。

朱广侯的愿望正在一点一点地实现。三叠水也逐渐被外人知晓，远近的游客慕名络绎而来。按他的计划，还要在三叠水公园里修建一个民族民间文化展览馆，希冀能将芒宽13个少数民族的生活习俗发展演变过程用实录的方式记载下来。为了继续圆

这个梦，朱广侯变卖在台湾高雄的3幢别墅连同轿车和其他全部物品，目前他收入的唯一来源只有每月近4000元人民币的退休金。

朱广侯把日常生活标准降到了最低点，自己种菜喂猪酿酒。但他却不认为自己活得辛苦和过得艰难，他说自己是来家乡还愿的。他还说人就像一只飘来飘去的风筝，无论飞得多高飞得多远，乡情就像那根长长的风筝线紧紧地和他相连。他表示，他死后，要将他投资修建

□弦表演

的三叠水公园无偿交给政府。他会安静地躺在三叠水脚下与长眠在这里的父母为伴，永远守护这片山清水秀的净土。

如今，三叠水生态公园已颇具规模。能工巧匠们因地制宜、巧夺天工、顺山就势在每一叠水潭旁建盖了亭台楼阁，还在峭壁上修建了飞檐走廊，在一叠与一叠之间修建了“通天云梯”，以供游人攀登。

游三叠水可从南北两条路上去，南路地势稍为平缓可缓缓而行，北路则崖高坡陡，难以攀登。可以从南路攀上最高处的第一叠水。看到第一叠水，人们不得不感叹大自然的神奇，那一堵褐色的峭壁犹如鲤鱼的侧脊，那纷飞流淌在“鱼脊”上的河水，犹如美女的面纱，惹人浮想联翩。那如练的瀑水坠入底部一月牙形的潭中，波纹荡漾，晃动着水中一尊横卧如河马般的石头，更令人拍手称奇。

从第一叠瀑布南侧顺势而下，一堵高十丈有余的巨崖矗立在眼前。那光滑如卵而又苔藓点点的巨崖给人一种历尽千年沧桑之感。瀑布一泻而下，蔚为壮观。水量大的季节，那流水声震耳欲聋，水量小的季节，那流水声哗哗作响，各有不同感受。瀑布旁边，是一座气势轩昂的庙宇。庙宇的建筑把古老与现代、粗犷与精致巧妙地结合起来，浑然天成而

又美不胜收。

从第二叠水北侧的“云梯”辗转而下，就到了第三叠瀑布，这里山崖如刀削斧凿，瀑布如白练飞舞，崖缝间草木丛丛、忽明忽暗、水雾袅袅、细雨纷飞，旁边是一座造型优美的六角亭供游人在此小憩，在此昂首观望三叠瀑布的雄奇壮观。

仁者乐山，智者乐水。游三叠水，在冰丝带雨中，可以感受一番朱广侯老人的赤子情怀。游三叠水，你不但需要有强健的体魄，还要有过人的胆识，只要上去了，就会有“无限风光在险峰”的意境，更会有“一览众山小”的豪气。

洗礼

三叠水瀑布

瓦渡石林：红泥地上的『黑宝石』

千百年来，沧桑的历史、动人的传说、融入了山的魂魄，注入了山的伟岸；苍穹为幕、红泥土地为床，青山相依、碧水为伴、山中有石、石中有家……淳朴的民风民俗，奇特的喀斯特地貌，迷人的自然景观和独有的少数民族风情，最终造就了一部大自然巧夺天工的惊世杰作——瓦渡石林。

瓦渡石林，又名红泥地石林。位于瓦渡乡瓦渡村下寨以南的红泥地，距保山中心城市37公里，大保高速公路和320国道的东侧，西侧与瓦渡沙沟桥水库、清水沟水库、清水石花洞、打平原始森林相映生辉，构成了一道瑰丽雄浑的风景线，是迄今云南发现的第二大石林、滇西第一大石林群，属云南第二大喀斯特地貌景观为主的自然风光型旅游区。

瓦渡石林因其独特的地质地貌，加上大自然的鬼斧神工，造就了万千的自然奇观，在红土地的掩映下，犹如一块黑色的宝石熠熠生辉，故被当地人形象地称之为红泥地上的“黑宝石”。整个石林景区占地近

5 平方公里，分东西两片，被当地人分别称为“公石林”和“母石林”。景区集“山、林、石、洞”为一体，穿行其间，但见山石嶙峋，突兀峥嵘，姿态各异。石林壁峰之间，翠蔓挂石，金竹挺秀，山花溢香，灵禽和鸣，一派生机盎然的景象。真可谓是鬼斧神工、雄伟奇特的石林奇葩，是一座名副其实的“天然岩石森林”。

据考证，早在四千多年前，瓦渡就有古人类在此居住。瓦渡作为古南方丝绸之路“蜀身毒道”的一部分，作为沟通四川至掸邦的必经之地，现在仍有多处过往商贾捐资修建的石板路和渡槽。青青悠长的石板路，马痕蹄深的古驿道，注释了一个个古老剽悍的当地民族，演绎了当地源远流长的民族文化。瓦渡的苗族、濮满族（今户籍登记为布朗族）很早是当地的世居民族，特别是濮满族，它们在明末清初受汉族的大屠杀，成为独特的“云南印第安人”，隐姓埋名，与世无争，为保护自己，他们将从未进入滇西的清朝统治民族满族作为祖先，在祖碑上刻留“皇亲待赠”字样，称濮满族、满族等。今天，当地的苗族、濮满族依然能歌善舞，淳朴、浓郁的民俗民风因岁月的轮回而更显神秘。

瓦渡石林，既是自然的风景，也是人文的风景，与石林相伴的是瓦渡深厚的文化底蕴和多姿多彩的民风民俗。这里每一处石景都有着

动人的传说故事，石林满山孤峰突起，怪石林立，巨石随地势而高低交错。直插云天的石峰形态各异，那些巨大的石头犹如一座座青色城堡沉默而又固执地矗立在滇西高原这块神秘的土地上。奇崛的形状散发出无穷的想象力，在蓝天广漠的背景下竖起了一个又一个令人惊叹的不解之谜。关于瓦渡石林的由来，人们还曾附会了无数动人的神话传说。其中《苗族姑娘阿莫》的传说充满了人间世俗的传奇，洋溢着人性的光彩，在民间广泛流传。

相传很久以前，由于瓦渡这个地方遭遇了千年不遇的大旱，村里的人快要被渴死了。苗族村寨有一个被称为“大地之花”的苗族姑娘阿莫，为了拯救乡亲，和她心爱的赶马哥顺着山坡寻找水源，历尽千辛万苦，终于在一个叫花竹林的地方找到了得以延续生命的水源，但这对恋人却因极度劳累相拥而死，并把最后一个热吻留给了大地。上天为阿莫夫妻的善良和真情所感动，遂将他二人化身为石。在他们找到水源的地方，这对恋人相拥而死的姿态被永远地定格。他们周围是无数的大象和其他动物的逼真造型，它们保护着这对为乡亲找水而逝去的青年人。

走进本真、迷幻的瓦渡石林，带给你的是无穷无尽的惊奇！石林里石块跌宕起伏、错落有致、层次分明，内中石块有状如小山的，也

有形如各种各样物体的，可谓是雄奇险峻、惟妙惟肖。只要是你想象得到的几乎所有形态在这里均被一一凝固定格，跨过藤桥，穿过石门，攀过起伏曲折的小路，石林的美景一处接着一处，令人目不暇接。这些一座座直插云天的石峰，形态各异，形成大自然天然雕琢的极品，无论你从哪个方向看，都能看出你自己的感受。

——有的像“老象出山”、有的像“单峰骆驼”、有的像“象群归山”、有的像“象鼻石”、有的像“天狗闭月”、有的像“双象贺莲”、有的像“犀牛出阵”、有的像“两虎争先”、“慈母乳儿”、“唐僧师徒”、“莲花峰”、“仙人笔架”、“神仙抽烟”、“鲁迅横眉”、“一线天”、“飞来石”、“鹰头”、“鸵鸟”等等，这些景观大多有动人的民间传说附生其上。

一步一景，美轮美奂，无数奇石林立，千种神态，万种风情，使人驻足流连，沉醉其中。绿树掩映石林，石林依托树木，树石相衬，纵横交错，参差起伏，重重叠叠，连绵不绝。奇石的秀美风姿隐藏于丛林之中，尽显清、幽、雅、奇的独特魅力，展示出瓦渡石林独有的美感与灵性。山是石林，石林是山，山中有林，林中有家，家中有山，一处一景，巧夺天工，展尽大自然的神奇和壮丽。

究竟这里埋下了怎样一个千古难解的生命之谜？一道用石头垒积起的巨大的凝固的天然画廊，如此铺排的生命猎场，无疑都是大自然巧夺天工的惊世杰作。在穿越一个个奇景怪石间，仿佛置身在一片神话世界里。你有多大的想象呢？一个石头的天然造型就能点燃你潜藏在心底的巨大火焰，打开那扇“门”，会发现快乐在这里随处可找，因为这庞大的石林给人以无穷无尽的惊奇、遐想和无限愉悦。因为，这是一个层层累积了上千万年的庞大生命。它虽然永久地沉默着，但分明在张扬着坚韧不拔的生命力量与锐不可当的庞大气势。

而在瓦渡石林旁的村子里，这些巨大怪异的石头与乡亲们早已是肌肤相亲的一家人。有的人家就住在石头里，有的人家庭院里就有一尊巨大的天然雕塑。在他们眼中，石林不是一个死去千万年的标本，而是一个活了千万年的生命，是大自然馈赠给人类的艺术珍品！

现在，隆阳区委、区政府已将瓦渡石林的开发纳入“十二五”旅游发展规划。相信不久的将来，瓦渡这片曾经以贫困出名的土地将因这片石头而变得坚挺和蓬勃起来。

瓦渡石林远眺

夕阳中的瓦渡石林

象鼻石

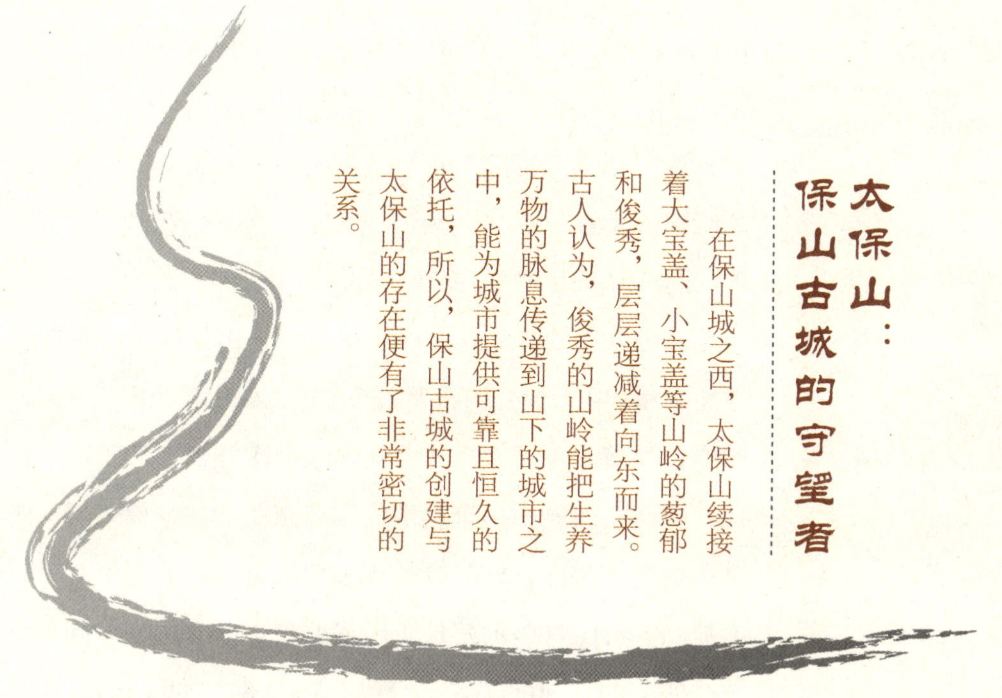

太保山：保山古城的守望者

在保山城之西，太保山续接着大宝盖、小宝盖等山岭的葱郁和俊秀，层层递减着向东而来。古人认为，俊秀的山岭能把生养万物的脉息传递到山下的城市之中，能为城市提供可靠且恒久的依托，所以，保山古城的创建与太保山的存在便有了非常密切的关系。

太保山作为保山城的孕育者和其不断发展的见证者，它与保山人民相偎相依、相生相息，甚至成为了保山城一个不可或缺的组成部分。在保山市民的眼里，作为城镇依靠的太保山是亲切的。或许，自唐代筑城以来，人们便把此山作为一个放松身心、放飞思想的理想场所，只是，那时还没有出现“公园”一词，今天，“公园”几乎已成为了太保山的代称，每时每刻，太保山都向前来游玩的人们敞开着宽厚的胸怀。

钟灵毓秀的胜境

生机盎然的太保山一直密布着遮天蔽日的青松，因此，在很长的历史时期中，此山名为松山。明嘉靖年间，曾为太子太保的文澍在此归隐，之后便以“太保”二字作为山名，一直沿用至今。明代洪武年间，先于山上筑子城，后又构筑城墙将太保山圈入了城内。今天，古代的城墙早已不在，但人们对太保山与城区融为一体的认同已难以改变。

东方升腾的朝阳下，保山城的主大街保岫路由东向西逐渐升高，在太保公园高大的牌楼下，保岫路变成了太保公园宽宽的石阶。高大的牌楼是太保山森林公园的正门，它以一正两侧三道山门擎起了胡耀邦亲题的“太保公园”四个天蓝色大字。古榕葳蕤、寺宇巍峨，宽宽的石阶在绿树的掩映和寺院钟鼓的陪伴下，攀升到了颇有意趣的齐心亭前。在这里，进山的石阶一分为二后缩减了宽度，一岔向北，另一岔向南，继续在茂盛的森林间穿行爬升。北侧的石阶为上山的主要通道，当它迂回至镌有“松山元祠”的叠翠坊前时，太保山平旷的山顶“平场子”展现在了人们眼前。“平场子”有曾是城墙的低矮土垣四周围护，东北角的台地上是视野开阔的观城台，在此可以眺望全城乃至坝区的景色；“平场子”南面是叫做安定门的城楼，它在青松之下再现了保山古代城楼的风采；“平场子”之西，三进两院的武侯祠在太保山顶展现了一个典雅的园林；武侯祠之西稍低处，有碑林和山庄隐现于高大的栎树之下；山庄之西的山岭后，动物园随着向西降低的山势错落排布。

太保山大门

武侯祠南侧已有公路在碑林、山庄和动物园之外盘绕

而下，至塔盘山前易罗池后渐趋变缓。塔盘山上登高塔、易罗池中濯心性，太保山之南的塔盘山和易罗池是太保公园不可分割的组成部分。太保公园背依怒山、面向坝区，为城市增添了无限秀色并尽显了山水之神韵，保山古城因之而秀美，隆阳众生因此而纳福。

安定门

古树绿荫

松山元祠

蓬勃于山野的绿色

山的灵秀因树的葱茏而得以孕育。太保山前的石阶上，高大的古榕伸展着亭亭如盖的枝叶，齐心亭后，青松的绿色在东升的朝阳下闪烁着翡翠般的光泽。青松虽然茂密，但不足1700米的海拔应该还是阔叶林的世界，于是，一片粗壮的石楠把枝叶迎风挥舞后，临近山顶的山坡茂盛起了密密层层的杂木。

宽泛的“平场子”同样是树的世界，在这里，粗壮高大的栎树与亭亭如盖的青松在和暖的南风中轻轻摇动着枝叶。树隙间，阳光洒下了暖暖的对山的关爱，树根下，松针铺满了金黄的对秋的感怀。种植于道光年间的古树

阴凉中，老人们在“平场子”南端的健身场里舒展着腰肢，他们与高大的古木一起讴歌着生命的意义。

“平场子”北侧低缓的土冈上，致密的杂木把依冈而行的通道置于一片阴凉之中，似一道厚实的墙挡住了冬季北来的冷风。武侯祠之西，一片高大的栎树在稍低之处聚会，它们营造的“公园古荫”为古朴的碑林、闲适的山庄提供了一地的阴凉。栎树林越过渐又高起的山岭后，把绿色交付于松林并在山洼之西的蒲团山上倾洒。

太保山森林公园是树木的世界和森林的海洋，90.5% 的森林覆盖率使山体不可能存在成片裸露的“肌肤”，百余种植物使山林的生物多样性日趋完美。草木繁盛、青山如黛，自保岫路西端起始的太保山森林公园以片片绿叶、棵棵树木构建起了“西山晚翠”如诗如画的韵致。

闪亮而明净的甘泉

因为青山和流水的亲密与多情，“山水相依”成为了一个流传已久的成语。太保山之后的山岭草木繁盛、郁郁葱葱，夏秋之际的雨水被厚厚的腐质层吸渗后，成为清亮的泉水日夜流淌。

磨房沟，太保山北侧幽深而俊秀的箐洼，源自大风丫口的泉水沿箐而下，在这条古老而明净的泉流旁，一条悠远的古道相伴着流水在山箐里延伸，自箐中西来的泉水曾在太保山及古城之北转动过一座又一座磨房，因此，山箐以磨房沟的称谓相伴着保山古城走过了漫长的岁月。同样是源自大风丫口的泉水，被长约6公里的水管引到了太保山顶的“平场子”上，以此为源形成了“平场子”的水景点。武侯祠之东古松稀疏的树影下，一湾山顶的小湖弯转着粼粼的波光，红色或是灰色的鲤鱼在摇曳的波光中自在地游弋，在小孩投食时翻卷起闪亮的水花。溢出的湖水往东南而流，曲折前行后在一个圆形的大池中蓄积，四围的青松得以投下若隐若现的倒影。“平场子”的小湖是雅致的，人们巧夺天工的努力使太保山在山水相依之中充满了情趣。碑林之西古栎聚会处，路侧有汩汩出露的人工引来的泉水，清晨的登山者纷纷以大小瓶子接取，更多的水流则沿着太保山南侧的盘山公路一侧流淌而下，

易罗池春景

汇入山洼后流进城中的上水河。

太保山南侧塔盘山下，清亮的泉水喷涌而出后汇聚为一个湛蓝的深潭，深潭广约30亩，名为易罗池，因池西“泉有九窦，时时喷出”，此池又名九龙池。易罗池以澄澈的池水把青山倒影，以漫卷的柳丝把春风舞动，成为了保山城区一道靓丽的风景。波光中的扁舟游鱼把“雁塔倒影”揉碎之时，绿柳疏竹也于轻风中把游人的心绪沉醉。在月明星稀的晚上，静谧的水中一轮明月晶莹剔透，“龙池夜月”映照着永昌古城无与伦比的甜美与温馨。

龙泉寺

寺院和神庙的灵光

山与神祇往往拥有一种默契，钟灵毓秀的山更是神的至爱。太保公园高大的门楼后，进山石阶的北侧排列着两道金碧辉煌的山门，西侧高大雄伟的门楼里是道教圣地玉皇阁，东侧小巧精致的山门内是佛家神殿玉佛寺。

建于明代洪武年间的玉皇阁初为毗卢寺，公元 1545 年郡人冯君鲁改建为玉皇阁，当时包括玉皇阁、会真楼、翠微楼等一系列建筑在内的古建筑群是保山道教的主要观阁。玉皇阁大殿坐西向东，建于条石砌成的基座之上，36 根大柱成 6 行排列，中柱通长 18.8 米，穹顶渐收为八角形覆式藻井，顶面绘有太极图。玉皇阁内供奉的玉皇大帝气宇轩昂，内墙上彩绘的巨幅壁画栩栩如生。1987 年，玉皇阁灶君楼和会真楼被公布为省级重点文物保护单位。

玉皇阁北侧紧凑古朴的会真楼因明代旅行家徐霞客在此下榻而名扬保山，徐霞客在此完成了《永昌志略》和《游保山记》等十余篇文稿，会真楼因此与玉皇阁一起成为了省级重点文物保护单位。玉佛寺位于会真楼之北，为玉皇阁的原附属建筑翠微楼、王母楼、五云轩组成的一所四合院，由郡人邵怀中始建于明代万历年间。1978 年，女尼妙明由缅甸引入四尊玉佛供奉于此，于

是将翠微楼辟为玉佛寺。相对于玉皇阁而言，玉佛寺的建筑并不起眼，但正殿供奉的汉白玉佛像以其优良的质地和精湛的工艺感染着每一个前来叩拜和瞻仰的人。

易罗池西岸是建于泉眼旁的龙泉寺，唐代初年此寺始建时位于池西山腰，明建文年间迁至池西泉眼旁，乾隆、光绪及1983年数次修葺后，1997年曾失火焚毁， 2006年龙泉寺得以重建，重建后的寺院为一小巧玲珑的四合院，由正殿、两耳、两厢和前廊组成，基本保持了原有的格局。龙泉寺大殿正堂前修建的抱厦似古代戏台，院场前的通透式前廊透风见水，使神祠与易罗池水域融为一体。龙与水是不应该隔绝的，更不应该与膜拜它的子民隔绝，太保山之南、易罗池之西的龙泉寺以独特的格局实现了神和人的沟通与合一。

历史与人文的追思

森林公园是人文与自然交织而成的产物，一般而言，只有在人文的融入之后，自然的山水才能成为公园。太保公园与保山城区山水相连，而且还一度被城墙圈入城内，于是，人类文明的涉入便无处不在。

高大的太保公园牌楼气势庄严，正反两面均镌有意味深长的楹联，正面的“临早登高岫……倚晚临皓月……”把太保公园的万千气象高度提炼并使其美妙的意境跃然联中。东坡的青松下，有两座由石制护栏围护的圆形石墓凝重地矗立着，稍高处长眠的是在保山隆阳发动反清起义的昆明人（同盟会员）杨振鸿，位置稍低处长眠的是追随杨振鸿革命救国的保山人彭蓂。挺立的苍松下，两位旧民主主义革命志士

的精神将永垂千古。

“平场子”之东，石制的叠翠坊雍容典雅，石坊正上“松山元祠”四字刚劲有力，两侧镶嵌的草书“鱼跃、鸢飞”飘逸而灵动。叠翠坊之西，一座汉白玉雕像深情地凝望着东方的保山坝子，他是爱国侨领蒲缥人梁金山先生。梁先生身着长套、手持烟斗，爱国忧民的赤子之心浮现于他庄重的神情之中。“平场子”之西是气势庄严的武侯祠，武侯祠由东向西纵向排列，为三进两院的园林式建筑群，主体建筑有前、中、后三殿，典雅恢弘且古朴凝重，为全国十大武侯祠之一。太保山的武

太保山碑林

侯祠同时还供奉着王伉和吕凯，他们均为蜀汉时期反对叛乱、维护平安的忠贞之人。“鞠躬尽瘁，千秋壮烈出师表；羽扇纶巾，五月炎荒渡沪人。”人们所纪念的不仅仅是诸葛武侯，同时还有那些为国为民死而后已的仁人志士。

杨振鸿墓

武侯祠之西的花园内，一块块高低参差的石碑在高大的栎树下静静地矗立着，沧桑古朴的碑石下，工艺精湛神态凝重的石龟忠实地驮负着镌于石碑上的“人文之光”。碑林中的碑石系原分散在保山城区及附近的石碑刻，多数由名家撰、写和雕刻，有较高的历史价值和艺术魅力。

塔盘山上的慈云塔始建于南诏时期，后于“文革”中被毁，1985 年重建的文笔塔因 2005 年地震严重受损，目前已重建一新。如今，永昌内八景的“雁塔倒影”已风采重现。易罗池南侧是高大雄伟的滇西抗战纪念碑，它把悲壮的岁月和抗日军民的坚韧豪迈凝聚并彰显，而罹难同学之墓的碑额则是低矮而凝重的，它以伤感而幽怨的情调怀念着那些“五·四”被炸罹难的同学。

太保山森林公园是人与自然的杰作，是一个属于民众的开放式的公园，人们朝朝暮暮、随心所欲地登高览胜、爬山健体，入园无需门票，只需爱心。或许，公园的管理经费必须精打细算，那这一代价又如何弥补？靠良知的唤醒、爱心的培养、素质的提高、公德的树立来弥补。文明与进步，理性与良知，关爱自己的公园，关爱自然的山水，公园于是把山水人文的至美尽情地展现，民众的心性与公园的灵秀共同升华，太保滴翠因而春满隆阳。

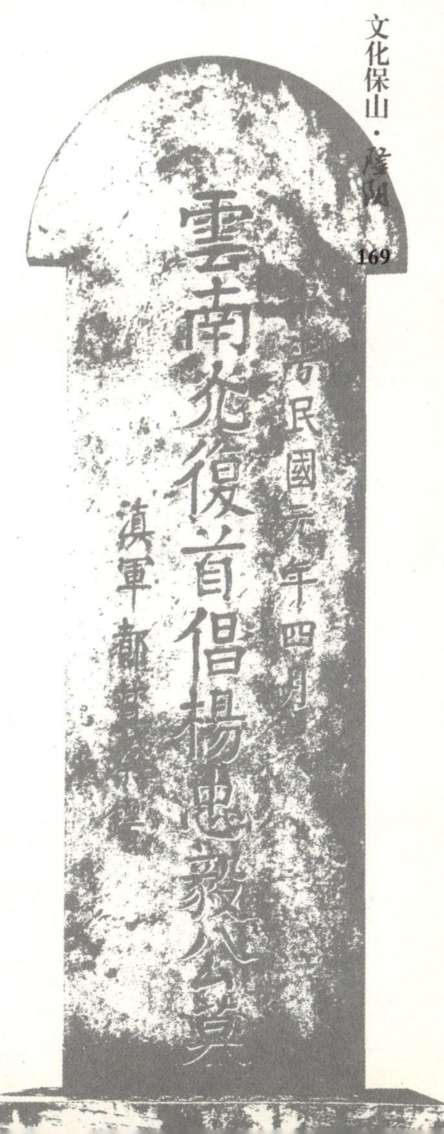

易罗池：龙池夜月美人心

保山城西易罗池，西倚宝盖山，北邻太保山，山形水势汇集一隅，蓝天白云倒映其间，垂柳游鱼隔空相望，涓涓流水润泽一方。龙涎塔影，似椽蘸墨，挥写保山千年春秋，叙说九隆一统夷民成哀牢，更留邓子龙名联传千古风流。湖上青山倩影依旧在，时光淘洗名胜已几回。盛世荣光，甲子己丑（二〇〇九年），顺政应民，区委政府重塑易罗景观，排水清淤，筑石成栏，隆城公司如裁缝金剪，诸项工程告竣于辛卯（二〇一一年）阳春。是时如美人施黛，柳燕飞舞，红鲤潜越，龙池夜月波更明。观景品人心，犹喜美景益美，千万百姓沐浴和谐之光。著文志事，更盼人民安居乐业，易罗益乐。

保山的自然风光是旖旎的，她所呈现的美就像小家碧玉的美一样，虽然没有磅礴大气，却多出了一些细腻柔情，比如代表性的“袖珍湖泊”易罗池。易罗池也叫龙泉池，因有涌泉九股，因此还被称为九龙池。易罗池水面积近 20000 平方米，深则三四米，南侧矗立着滇西人民抗日战争纪念碑，西侧建有龙泉寺，西北一侧重建着具有唐代建筑风格的文笔塔（又名慈云塔），池中建有明代万历年间永昌参将邓子龙始建后重建的湖心亭（也叫濯缨亭）。易罗池是保山旧时的“内八景”之一，尤其是夜月下的易罗池，风光更是别致，被人雅称为“龙池夜月”。

日暮下的易罗池，是保山城里人晚饭后消遣散步的一个绝佳去处。吃过晚饭来到易罗池公园门口，已经人头攒动，环着水池边上散步的人们，或三三两两，或成群结队，有的在轻声细语地说着笑着，有的则是默然不语地看着眼前的湖光山色。微风吹来，池边上的垂柳轻轻地摇动着枝条，池里的水面也被吹皱了，一层涟漪散淡了，一层又在密集地翻起，一层层波光粼粼的涟漪像是翻动的鱼儿哗哗啦啦地翻起来又落下去。

站在滇西人民抗日战争纪念碑下，倚着易罗池的石栏，等着暮色降临。身旁有一簇簇倚着石栏喂鱼的人群。鱼群不是一般的鱼群，而是一群彩色的鲤鱼，金色的、黄色的、花色的、橙色的、黑色的、白色的和黑白相间的，一条一条摇着尾巴穿梭着，一条一条张着嘴巴冲着食物翻起来又潜下去。看过了鱼，便可坐在龙泉寺的回廊上等着月亮升起。在月光漫过之前，可以先淘洗一遍因情境而涌起的思绪。

古人曾说“仁者乐山，智者乐水”，很多人认为，保山城无论过去还是现在的城市灵魂应该就是这易罗池。这里的湖光山色，千年以来一直浸泡着保山的历史积淀，并且越浸泡越亮，浸泡得保山城成了南方丝绸古道上的一座历史文化名城，浸泡得保山成了“滇西历史文化名城”。眼前的易罗池，千百年来作为一个城市景点每天都在接纳太多的人，多少文人墨客已经吟唱了无数遍，多少历史文化名人和它发生了媾和，过往的烟云，在这里集聚的太多了。有的哀牢文化研究者说“九隆传说”即肇迹于此；明代时戍守滇西的邓子龙经受了战争胜负和人生起落之后，也在此发出了这样的感叹：“百战归来，赢得鬓边白发；千金散尽，只余湖上青山。”大旅行家徐霞客游永昌时也曾在这里与保山的友人把酒言欢。易罗池被赋予了太多的历史情感，在保山老百姓的认识里，它就是一个巨大的砚台，文笔塔则是一只巨笔，浓墨一挥，保山大地就充满了灵气与激情。

夜幕降下来了，月亮逐渐升高了。易罗池则成了一面镜子，圆圆的月亮映在池面。池子边上树旁的几盏路灯，那圆圆的灯光映在水里，就像是一个小月亮似的，围绕着池中的月亮。水面上重叠着月光和灯光，微风吹起的涟漪，成了不停翻动的银光闪闪的鱼群。池子边上的树木，顶上了银色的光华，周身亮着灯光的文笔塔也将闪亮的倒影插入了水面，距离池子稍远处的树木在银色的月光下拉扯出浓厚的黑影，肃穆地立在那里。银白的月光洒在绿化地上，织成了一个柔软的网，把红花绿草都罩在里面，不知名的小虫也在月光下唱起了歌，并且声音越来越清响。

披着月光环着易罗池走走，迎面遇上的人们，一个个都迈着慢而碎的脚步，一步一步都是轻轻的，生怕走重了会踩碎了满地的月光。在如水的月光下，几个老年人在一块空地上练习着快板，快板是清脆的，

滇西抗战纪念碑

念的快板词也是清脆的；几对恋人偎依着坐在临池的石凳上，面对着鳞光闪闪的水面，或许在他们心中面对的就是一个幸福的海洋；几个孩童倒是有些生气，走走玩玩，甚至蹦起来去抓几只高低飞舞的流萤。

记得有一首歌曾唱到：“天上一个月亮，水里一个月亮。天上的月亮在水里，水里的月亮在天上……”眼前

的景致正是这样，在这上下相映的明月清辉中，听着风，看着水，让人不禁想到了古诗词“明月松间照，清泉石上流”。面对千年不变的明月，让人想起了王维，月光照过他闲适的心，他的心境里装满了青山绿水和放达的心态。而眼前的我们呢？生活中的快乐与烦恼都应该让这如水的月光一块洗去，被生活重负的心应该在这里尽情释放。

龙王塘：农民自己兴建的公园

龙王塘是农民自己兴办的公园，位于北板桥镇郎义村龙溪山麓。明嘉靖年间永昌知府严时泰以当地水泉灌溉农田，经长期培修而成为风景名胜区，有秋水洞、龙王庙、公主泉等景以及广阔的水面。『文革』时期，已有景观受到破坏，一九八一年由当地村民在原有基础上进行公园建设，游览范围扩大，亭台殿阁修缮一新，成为保山第一座农民公园而受到社会广泛关注。

龙王塘公园位于保山城北 8 公里处，西山脚下，占地 1800 多亩，是云南省第一个群众自己集资兴办的农民公园。这里出土了旧石器、东汉、明朝三个时代的文物，被列为古遗址、古石刻文物重点保护单位。龙王塘公园三面环山，南面是返山，西面是破岩山麓，北面是茶花岭，东面是绿茵湖，终年碧水常秀、鸟语花香，具有冬暖夏凉的特点，有“绿茵春晓、九天揽月、绕堤烟柳、返山林波、龙塘跃鱼、凌塔云缭、三亭照影、茶岭晚翠、龟岛环视、宝殿紫光、玉泉幽静、秋水滔花”等十二景，尤以秋水奇观和公主泉的传说闻名遐迩，吸引着中外游客到此纳凉避暑、观光旅游。

还没到公园，远远地就看到青翠欲滴的大片竹林，接着便有一条自东向西流淌的小河，那便是从龙王塘里流出来的水，灌溉了保山坝子万亩良田。顺着来路走到公园门口，便见到公园北边有很开阔的场地，那是供游人停车用的，四周古木高耸入云。北面200米处，便有古遗址，以石碑为志。大门两侧的墙上，画着一条青龙和一条黄龙。站在大门外，便听到里面轰轰的水声。

走进门里，前面是一条向西的路，一直通向龙塘和龙王宝殿。同时，一条缓缓下倾的小路岔向左前方，有一块土场，土场南端便是一个高高的土包。站在进大门的地方，便可看出很像一只乌龟头向南尾向东北爬在那里，这便是龟岛。龟岛上面是龟岛亭。来到龟岛亭，环视四周，岛下是绿如翡翠的绿茵湖。岛东面是茫茫竹林，岛南面湖心是绿茵亭，西面一座亭子掩映在树丛中，西北面便是颇富神话色彩的破崖山。只

龙王塘秋色

见山顶从正中被劈成两半。看着这破山崖，仿佛又看见老龙王大战哀牢王的激烈画面。传说很久以前，龙王塘下住着老龙王，保山坝西山上住着一个哀牢王。两王经常在一起，都夸自己神通广大本领高，谁也不肯服输。一天，他们在龙王塘下说着说着，便按捺不住自己，站起来大动干戈。眼看哀牢王快打不过老龙王了，哀牢王想："斗不过老龙王，就把他的山堡堤脉砍断，看他以后还怎么夸自己。"于是，哀牢王便挥斧向龙王山砍去，只听轰隆一声巨响，龙王山硬是被劈成两半。老龙王见势，气得吹胡子瞪眼睛，奋力向哀牢王砍去。哀牢王却拔腿就逃，老龙王连忙追去。哪知哀牢王进了哀牢山便关门不出，任凭老龙王怎么破口大骂，在外叫阵，哀牢王充耳不闻。老龙王愤怒到极点，狠狠踢了哀牢山一脚，想不到哀牢山便向南偏斜了。

龟岛正南面，一条石阶自上而下直至山底，紧接着是湖面上长长的石桥。湖中心便是绿茵亭。在绿茵亭环顾左右，便发现石桥将绿茵湖从正中分成东西两半，形成极自然的对称图形。走到小桥尽头，便是湖南面的堤岸。堤岸四周，垂柳婀娜多姿随风摇曳，树影婆娑。堤岸外面，一条自西向东的小溪淙淙流过。

走完石桥向东走，便来到绿茵湖西面的烧烤林。烧烤林方圆五六百米，里面到处都是高大的古树。树下随处都有石桌石凳。烧烤林东西两侧，各建盖着一排长长的小屋，供附近村民卖零食百货，出租烧烤用具。每逢双休日和节假日，

观音阁秋水洞

烧烤林里人山人海，偌大的烧烤林里，几乎所有的石桌旁都坐满了人。人们三个一群，五个一伙，兴高采烈地打麻将，玩扑克。沿湖边分布着许多烧烤摊点。每个烧烤摊点周围，人们围坐成一个大圆圈或长长的半圆弧形。整个烧烤林烟雾缭绕，袅袅的炊烟向四周扩散，向天空扩散。站在烧烤林东侧绿茵湖岸边，却看到绿茵湖上石桥的10个桥洞。绿茵亭北有4个，南有6个。两端各像一扇拱形门，其他几个桥洞连同它们在水里的倒影，就像是几只大小不一的眼睛在看着眼前的胜景。微风拂过，水波荡漾，这几只眼睛也在一眨一眨的，好像看着烧烤林的人们高兴地笑呢！

穿过烧烤林往西走，踏上一条拾级而上的石阶，前面便是清音阁及秋水奇观。远远的，便看到一道白花花的瀑布飞泻而下。来到近前抬头看，清音阁依山而建，阁四周皆是古老的岩石，阁下地面上，正前方岩壁垂直陡峭，深达七八米。岩壁正中往下一米处，有一道宽一米左右高20厘米的石缝，瀑布便是从那石缝里喷涌而出再向下跌落形成的。瀑布就像一道白练抖落，而那清音阁，就像一架大型织布机，白练便从那一米宽的织布机口永不停息地往外输送。谁曾见过这样美丽的瀑布竟从一座房屋的下面飞泻出来？古今中外绝无仅有吧！飞流而下的瀑布又随着石阶一级一级往下跌，白练便被折成数十折，不用人工，折得竟是这般平整匀称！再往前，便到了岩底，急速而下的水又改变方向往前奔流，遇到前方的一尊尊岩石，水流便向四周飞溅。飞溅的水花，就像一串串珍珠旋转着滚出来，飞起来，又像无数的水晶满天跳动。还有一些水珠，像闯关的勇士，遇到前面的障碍物，纵身跳跃，腾空而起，越过障碍，又飞也似地往前冲。之所以名曰“秋水奇观”，是因为只有到了秋天，才可以看到眼前这般古岩下的飞瀑。

古岩秋水北侧有一条小路，沿着小路往北走，便来到坐西向东的龙王宝殿。宝殿前方有个大场院，场院东北角有道小门。出了门，往北走，便来到公主亭。一路上，怪石嶙峋。这公主亭脚下自然也是堆砌着许多岩石。公主亭东南面，一块凌空横出的云状岩石上，站立着龙母和玉泉公主的石像。龙母左手捏着一根玉簪，右手拇指中指无名指并拢弯曲，就像往外弹什么东西似的。她们

面向东北方，龙母面带微笑，玉泉公主略有忧伤之色。石像正北脚下，公主亭正东脚下，便是龙塘了。龙塘里的水也是绿如翡翠。龙塘不太大，五六米见方。塘里不时有各色的鱼儿纵身跃出水面，又落入水中，发出噼噼啪啪的响声，溅起朵朵水花，很是有趣。塘水从正东的一个口子流出。塘北侧湖堤外，有一个很不起眼的洞口，少部分的水从这个小洞流出来，人们把它叫做公主泉。关于公主泉，还有一个动人的传说呢！传说龙王有三个女儿。大女儿叫绿茵，二女儿叫柒水，三女儿叫玉泉。三个女儿都已出嫁。老大老二都有自己统管的水域，所以很富裕。老三却嫁到一个严重缺水导致人民庄稼无收成的穷地方。一天，三个公主都回家看望父母。老大老二都穿金戴银，满身珠光宝气，唯有三公主粗

衣布裙。三公主很是辛酸，便向龙母哭诉。龙母疼爱自己的女儿，便瞒着龙王，拔下云泉的玉簪，偷偷在龙塘北侧戳了一个很小的洞，泉水便从洞口往外喷涌而出。从此，三公主所在的地方由于得到泉水灌溉，也日渐富裕起来。人们为了纪念这位为民造福的公主，便把这泉水叫做玉泉。

从公主亭脚下的路往北走，便来到进大门时所看到的那条路。沿路往前走，便返回到大门。路北侧，是高高的茶岭。如果在夕阳西下时，便能欣赏到返山林波和茶岭晚霞。如果在月光皎洁的夜晚，还可以欣赏那独特的九天揽月。

龙王塘公园，到处古木参天，翠竹森森，藤萝摇曳，古岩遍地，庙宇亭台，参差泉水淙淙，浪花飞瀑，到处都是水，是树，四季皆景，春花争艳，夏林深阴，秋水奇流，冬泉早烟，不愧为保山一大游览胜地。

龙王殿

宝鼎日出：紫气东来佛光照

保山有座宝鼎山，宝鼎山海拔二千七百多米，为保山盆地周边山峦的最高峰。从城里向东望去，其形伟岸威严，遮断远处天际，俯视两翼群峦。其状若雄狮，故又名『狮子头』。宝鼎山山顶有座宝鼎寺庙，寺庙历史悠久，寺以山名，山因寺灵。因为海拔高，红日升腾时，日光便给寺庙带来了一轮轮光晕，如同传说中的佛光。于是『宝鼎日出』成为著名的一景，使宝鼎山在佛、俗两界都有了魅力。

宝鼎山位于保山坝子东北部，2776米的海拔使它成为了坝子周边最高的山峰。宝鼎山在曾为汉代不韦县治的金鸡村后堆叠而起，山顶由数座峰峦簇拥而成，由于峰峦的簇拥之势形如宝鼎，该山便拥有了“宝鼎”的称谓。

宝鼎山数座相互簇拥的峰峦之中，“狮子头”因其雄伟厚实和绝对的高度优势成为了宝鼎山的主峰，该峰之北是由侧峰围护而成的一片平缓场地。相传古代官府曾经在此驻军演兵，因此这一场地至今仍叫小校场，主峰西南和另一座侧峰之间是又一片面积数倍于小校场的大校场。宝鼎山之巅，嵯峨的山岩唱响了坚挺与高峻的峰峦之歌，它们如笋如台、如鸟似兽，为了亿万年的坚挺和永恒，这些青灰的岩石摒弃了曾为岩浆时的无形与善变，凭着坚硬和顽强成为了宝鼎山的基元和脊梁，它们以冷峻回应流云的绵软，以坚硬撕裂南来的气流，以雄奇和坚挺塑造起了宝鼎山的品格。

爬山登高者站在狮子头嶙峋的岩峰上极目远眺，北方山岭逶迤，东方群山空蒙，南方则云天渺渺，宝鼎山以一方之尊评点着日月风雨乃至严冬时节不可多得的几场瑞雪。舞风弄月并非它的本性，但感知时令体味风云则是巍巍宝鼎不可回避的职守。令登山者最为感动的是西南方，俯瞰之即，只见平缓的保山坝子村落密布、田陌隐隐。作为一座雄伟的山，峰顶的直插云霄和山下的湿润肥美同样重要，宝鼎山以其挺拔和敦厚诠释着大山的真正意义。

虽然宝鼎山无可争辩地属于保山坝区周边最为高峻的山，但其峰顶并非生命的禁区，青松虽然低矮但生机

勃勃，杂木虽然疏朗但枝叶遒劲。地势稍低的小校场里，密密匝匝的华山松在阳光和雨雾的眷顾下昂然地生长，年少气盛的人常到一地松针的林地中宿营游乐。西南侧的大校场是又一片山岭围护的宽大场地，在山风不知疲倦的拂动中，所植树木一年年毫不停歇地生长，为高峻之处的宝鼎山增添着一抹又一抹新绿。夏末秋初蘑菇繁生的季节，小校场数十亩林地中捡不完的蘑菇掀起松针探出了可爱的脑袋，羊群则在草坡和岩隙间温情地叫唤，寺院里平和悠扬的大悲咒乐曲似乎也在

为这山巅的生命群落慈爱地祝祷，在神佛的祝祷之中，即使是冷风劲厉的南坡也有松树和桤木坚韧地生长，它们的阵营不断地向山顶推移，虽然枝干有些沧桑但却顽强地在条件较为恶劣的坡体上盎然起了绿色的生命。毫无疑问，宝鼎山是一座充满了生机的山。

一个又一个天气晴好的日子里，当朝露在晨曦中辞别黑夜的寂静之时，夜宿于山寺中的登山者已三五成群地在山巅的岩石上跺脚搓手，他们之所以在寒冷的黎明时分离开温暖的被窝，为的是恭迎从东方的

山峦和云天模糊之际冉冉升腾的朝阳。此时，连绵的群山似一道极富立体感的黑地毯铺陈在宝鼎山的东方，因山势均未超越巍巍宝鼎，无需仰视，东方模糊的天际线便映入了人们的视野。天际线似乎是专司晨光的出口，但它并不大度，只是十分吝啬地释放着登山者所渴盼的源自于太阳的光明。当光明在天际线越积越多之后，开始向宝鼎山弥漫而来，观日者的身形已由模糊而渐至清晰，已可以看清彼此因寒冷而变得有些僵硬的脸。不过，天际线仍然没把关口敞开，当虔诚的人们觉得原本色调冷硬的山岩开始显现暖意时，苦苦等待的太阳仍未从东方升起，那是几片由暗转亮的云彩，它们正贪婪地吸纳着天际线之下源自于太阳的光芒，把自己变得光亮且充满了金红的晖光。然后，把晖光映射到了天宇间，映射到等待日出的人们及旁边的山岩上，这几片云彩便是绚丽夺目的朝霞。在朝霞的引导和烘托中，那轮暗红的圆盘似的太阳才闪动着由弱渐强的光芒缓缓升起。普天之下，日出东方是最易让人倾情礼赞的美妙时刻，登高观日甚至已成为了一种感悟自然的庄严仪式。恭迎宝鼎日出，这是人们特别是年轻人

宝鼎寺外景

攀登宝鼎山的一个重要的动因。

宝鼎山东迎喷薄而出的朝阳，西顾良田万顷的坝子，虽然生息于山下的民众在传统理念中并没有把高山险峰作为寄托福祉的图腾，但宝鼎山在岁月流逝和斗转星移之后已然升格为一座神圣的山，它的神圣是由一座庄严的古寺来展现的。宝鼎寺位于顶峰狮子头北侧，背依怪石嶙峋的岩峰，前临树影婆娑的小校场，面北而建的寺宇避开了常年劲舞的南来气流，在小校场的葱绿蓊郁之中，营建起一种祥和与空灵。宝鼎寺始建于清代乾隆年间，据说寺址一开始并未选在小校场旁，而是位于大校场东的弥勒洞附近，可一夜之间，正殿的大梁却飞到了小

宝鼎寺大门

校场旁的缓坡上，众人疑为神灵之意，遂把寺院建在了狮子头北侧的小校场一侧。宝鼎寺如今的殿宇是20世纪90年代后陆续建成的，主持筹建者为一名外地远来的法号宏光的僧人，在旧寺废墟上建成大雄宝殿后，宏光法师又四处募化，相继建起了闭关房、观音殿、天王殿等，在寺宇格局渐趋完善的基础上，殿宇渐由山坡之上延伸到了小校场的林地之中。高山之上的庙宇因其远离尘寰而倍显庄严，云雾升腾迷蒙之际则更为撼人心魄，金碧辉煌的殿宇在云雾之中若隐若现，不是人间仙境却胜似天上宫阙。宝鼎寺是宝鼎山的魂灵，宝鼎寺有时也成了宝鼎山的代称，亲朋好友乘车沿盘山公路而来，或者长幼相携沿山道徒步而来，观景或是礼佛都是登上神圣宝鼎最为充分的理由，山与佛的品格都是宽博且仁厚的，宝鼎山因此实现了自然山水和人性皈依的完美整合。

卧牛胜境：人牛情未了

动人的传说难以成为断事之凭，但它却蕴涵着扶贫济困和善良感恩的传统美德。卧牛寺建庙取名为『栖云庵』，后因一个关于人和牛的传说换成了『卧牛寺』。传说已让卧牛寺成为了善良因果的轮回之所，一个善良的人在这里得到了『神灵』的帮助，『神灵』也理应得到人的尊重。显然，卧牛寺有此颂扬美好品格的传说，足可以让众多朴实善良的心灵有所皈依。

卧牛寺位于保山坝子东北部，它安详地依偎在大溪山的怀抱中，在这里，巍峨高耸并直插云端的是宝鼎山，大溪山则是宝鼎山西坡诸多山岭中的一座。进山公路从金鸡村出发，盘绕回环 3 公里后即来到卧牛寺下，沿路而来的众生便可听闻卧牛寺的佛乐梵音了。

卧牛寺依山而建，由低到高分为前中后三院，停车场后转折而上的台阶连接着色调深沉的山门，门内前院的主体建筑是特色独具的天王殿，它依山势建为上下两层，在这里，威严的天王们被供奉在了二楼之上。天王殿后的中院里，正面的观音殿南墙上镶嵌着一块线条流畅的观音

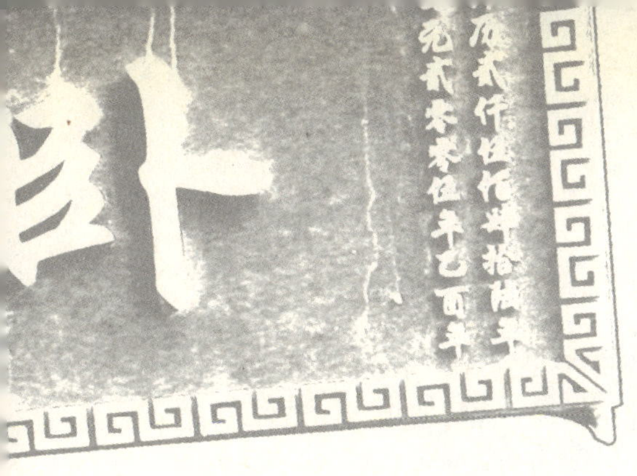

宝像石碑，这块珍贵的石碑使卧牛寺弥漫着浓郁隽永的历史之韵。在观音塑像后韦驮菩萨洞察一切的目光中，卧牛寺金桂飘香的后院展现出了华丽雍容的氛围，这里是全寺的中心，有金碧辉煌的大雄宝殿高居于层层石阶之上。后院北厢下是又一处通往寺外的门楼，一棵高大的菩提树把一地的浓荫洒在了门外宽大的场地中，场地北侧的道路仍然续接着那条继续通往山顶的盘山公路。前院后院都有公路续接和门楼出入，为了实现对众生的普度，佛家已大可不必在世外卓然独立。

宝鼎山腰多为砂石结构的山岭，在人类的不断索取中并不容易长出茂盛的林木。或许是为了承载佛寺使然，大溪山与众不同地挺立在了宝鼎山的腰际线下，从盘山公路一侧的坡体截面上可以看出，它已有深厚的土层让树木扎根生长，因此山上郁郁葱葱地长满了茂盛的林木。青林万顷、满目苍翠是大溪山沿传已久的真实写照，据说，民国年间修建山下的金鸡澡塘时，横梁、立柱等一应木材均取自此山之中。在历经炼钢冶铜、人口疯长的洗礼后，周围的其他山岭均已树木零落，而大溪山却一山独秀、树可参天。或许是卧牛寺众佛的佑护与关爱，大溪山才具有了丰盈的滋养能力，草木因此而繁茂，瑞气因此而蒸腾，山林掩映的寺院

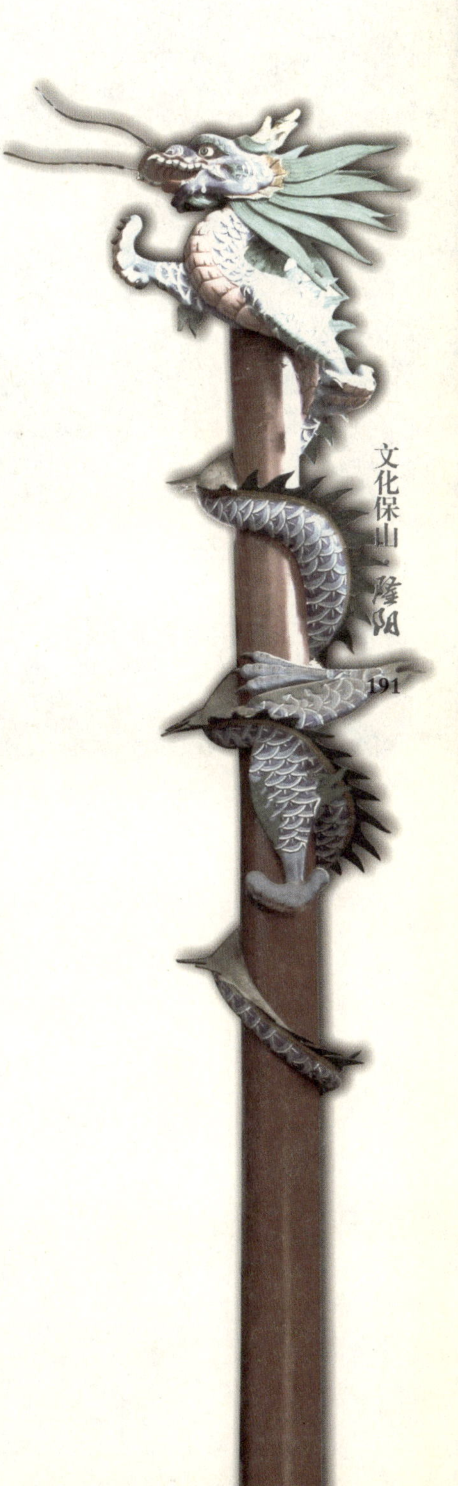

卧牛寺大殿

因此而灵光四射。

卧牛寺始建于明代洪武年间，是周边一带历史较为悠久的古寺之一。如今，大殿飞檐翘脊上的风铃悠扬地鸣响不绝，它们似乎在不停地讲述着一个与创寺有关的动人传说。建寺之前，寺址附近是一片肥沃的耕地，山下一父母老迈、妻病儿幼的张姓村民以耕种此地为生，不幸的是，心地善良的张姓村民却染上了令人畏怯的绝症，他只好离开村子，在地边搭建草棚守地度日，在病重体弱无法耕地的危难时刻，一条青牛在夜间来到地中，以角为犁“呼哧”有声地翻地起垄干了一个多时辰。张姓村民惊醒后已把一切看在眼里，次日便挣扎着和前来看他的家人一起到溪边割来肥嫩的青草，以瓦盆汲来清亮的泉水，放在前一晚青牛曾经歇息的地方，祈盼着青牛再次光临，青牛果然不负所望，在夜深人静之时又来把地耕完并吃了青草泉水。第三夜，青牛托梦给张姓村民说，一切都是观音菩萨的旨意，因为水、草款待的缘故，菩萨将赠予一付好药，要他病愈后好好赡养父母、照顾妻儿。天明起床时，张姓村民见一条红蛇正从瓦盆里往外爬去，盆里的泉水中则浸泡着一卷通红的蛇皮。张姓村民饮用蛇皮浸泡的泉水后，病痛最终得以痊愈，此后他孝敬老人、疼爱妻小，在辛勤耕地的间隙不辞劳苦经营挣钱，日子便一天天富了起来。后来，他按照母亲的吩咐在草棚处建盖寺庙并供起了观音神像，同时还在青牛歇息之处建起小亭并塑上卧牛一条，母亲随即在此烧香念佛，感谢神灵对张家的佑护。一开始，小庙取名为“栖云庵”，因为村民和香客对栩栩如生的卧牛更感兴趣，久而久之，寺名便换成了“卧牛寺”。似乎，传说已让卧牛寺成为了善良因果的轮回之所，一个善良的人在这里得到了神灵的帮助，神灵随即也在此得到了人的供奉。虽然，动人的传说难以成

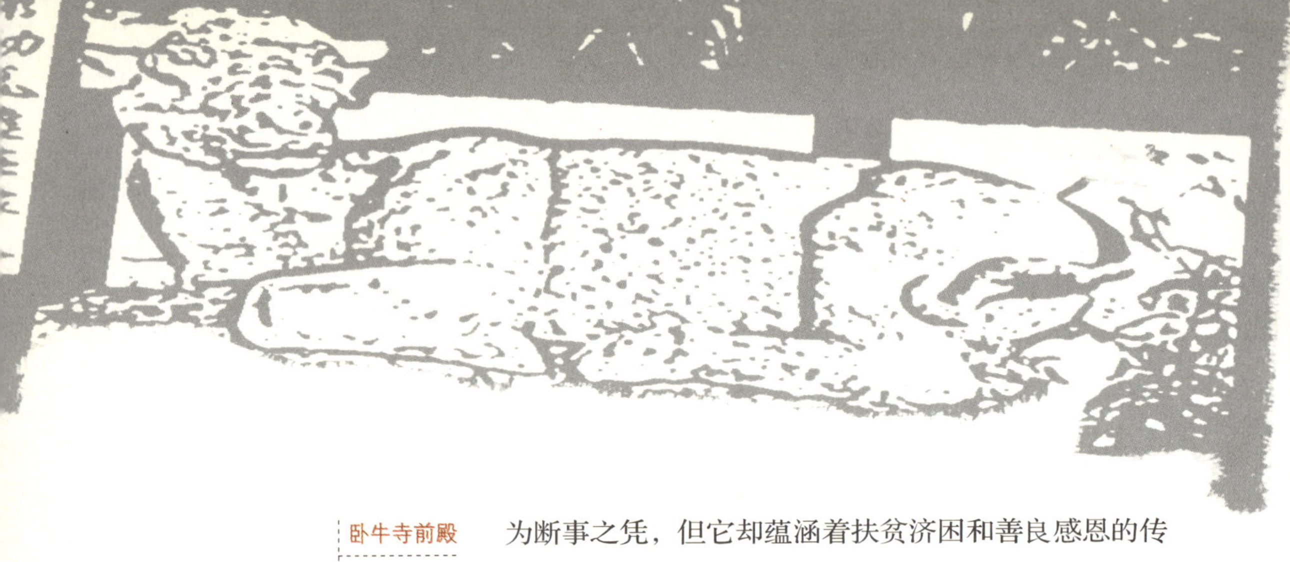

卧牛寺前殿

卧牛寺佛堂

为断事之凭，但它却蕴涵着扶贫济困和善良感恩的传统美德，卧牛寺有此颂扬美好品格的传说，已完全可以让信徒的心灵有所皈依。

因当初照料寺庙的是张姓村民的母亲，所以，寺里只接纳女性出家之人。无意红尘的女人为求善果而虔诚剃度，她们无所求于尘世，寄托灵魂于佛界，是神佛在卧牛寺给了她们又一个世界。封建时代，在尘世地位卑微的女性寄身于寺院后，她们作为一个独立的群体要为自身的生存而操持，要为佛法的弘扬而奔忙。于是，寺庙便成了她们展示才能的场所。这样，一代代肩负卧牛寺生存发展的女人们便在这里实现了自身的价值。时至今日，卧牛寺里仍是清一色的女尼，她们在灯烛的光焰和钟鼓的鸣响中诵经清修、礼佛祝祷，她们是虔诚和练达的。因此，卧牛寺在世纪之交获得了较大的发展，后院辉煌的殿宇便在这一时期得以建成。

从明代洪武年间至今已有600多年的历史，卧牛寺由当初的草庵变成了今天的三院殿宇，或许，这便是大溪山因葱郁而蓄积的灵气蓬勃喷涌的结果。今天，前院天王殿南侧的亭子中已不再是泥塑的青牛，在这里躺卧的是一条汉白玉雕琢而成的白牛，它是虔诚的

卧牛塑像

施主在世纪之交赠送的。卧牛的色泽已然发生了变化，重要的是，它的质地也在变化中得到了很大的提升，这一过程中，无不包含着佛法所倡导的因果善念乃至人性的提升，卧牛寺的辉煌殿宇将因此而更加巍峨，大溪山的万顷青林将因此而日渐繁茂，卧牛胜境将永远明丽而和美。

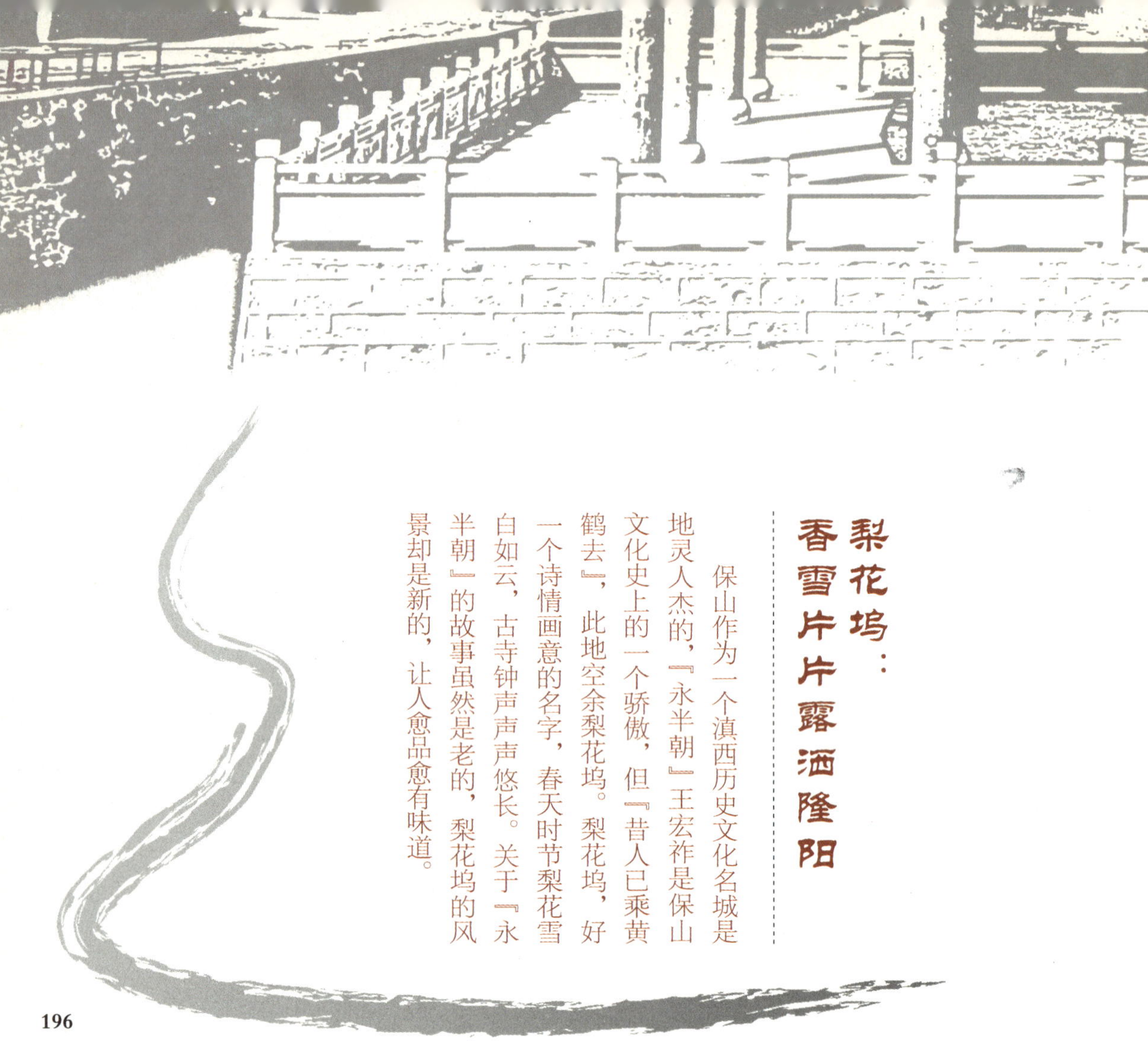

梨花坞：香雪片片露洒隆阳

保山作为一个滇西历史文化名城是地灵人杰的，『永半朝』王宏祚是保山文化史上的一个骄傲，但『昔人已乘黄鹤去』，此地空余梨花坞。梨花坞，好一个诗情画意的名字，春天时节梨花雪白如云，古寺钟声声声悠长。关于『永半朝』的故事虽然是老的，梨花坞的风景却是新的，让人愈品愈有味道。

保山城西南的九隆岗下，新桥村背后的山坞里，一堵照壁向阳而立，照壁上写着一副对联“一树梨花千点雪，两堤杨柳万窝丝”。这就是保山著名的风景点梨花坞，又名大梨园，曾被誉为“露洒隆阳”。走过照壁俨然可见几间依山势而建的庙宇，阳光之下，山风清习，庙宇的琉璃瓦泛着金光，小小的山坞回荡着庙宇飞檐上风铃的清脆响声。

走进梨花坞的庙门，可见侧边的墙上嵌着一块古旧的功德碑，逐文读去，发现上面只是简单地记载着一个人，此人非僧非尼，而是被保山人引以为荣的历史名人：“永半朝”——王宏祚。

据史志记载，王宏祚出身于保山城的一个官宦世家，字懋自，号玉铭，

梨花香雪

自幼博闻强记，明崇祯三年（1630 年）考中举人，任蓟州知州，后来又任了户部郎中。这些正史记载和传说中的王宏祚故事相去甚远。他身居朝中时，因怀念故土而倡导对家乡治理所作的《滇南十义疏》，也随历史的远去而被人们淡忘了，他给家乡留下的只剩这个由他创建而又几番破坏几番修葺的梨花坞。

在中国古代社会，大凡读书成了气候的人，往往会被认为是文曲星下世或者附会上一些神奇的传说。这其实是一种文化专制，读书人为了维护读书人的权威性，或为自己，或为同门，总之是为了告诉大多数没有读过书的人：天生我也，我就是比你们高贵！目的是为了维护封建等级专政，无论他出身多么贫贱，一旦通过读书成了气候，就得摆出一副高高在上的架子。保山民间传说王宏祚幼年家贫，替人放牛，一天来到这山坞里见到了一位在悬崖下纺线的老妇人。一交谈，顿时耳聪目慧，交谈完毕，那位老妇人却化为一阵青烟去了，于是便认定那老人乃是观音大士所化。还传说他进京赶考途经洞庭湖时，又得了

山门

一位老妇人的赠书，便又认为这是观音大士第二次恩宠他了。如此说来，王宏祚之所以能够飞黄腾达，乃是因为他的命不凡，得到了观音大士的恩宠照顾，而他回到这山坞里创建梨花坞寺庙则是为了报答观音大士。现在庙宇后的山壁上嵌了一块石碑，刻画着观音大士悬崖纺线图，而图中的王宏祚却又成了一个牵着毛驴的老者，图两侧镂刻着 1983 年到梨花坞任住持的和尚比丘尼释果全的敬联“伏地受书识天赋，悬崖纺线织天机”。

就在王宏祚中了举人后的第十三个年头，李自成率农民起义军攻破北京城，崇祯皇帝绝望地自缢于万岁山（今景山）。这时期官吏大都因惧怕农民起义军而四散逃跑。王宏祚却在这兵荒马乱中将明朝散乱的户籍收拾保管了起来。谁知“天”变得快，李自成刚在京城里待了几十天，屁股都还没有坐热乎，山海关总兵吴三桂便以其父受“追赃拷索”和爱妾陈圆圆被掠为借口把清军引入山海关。面对清朝强大的攻势，涌现出了史可法等忠君爱国之士。但大部分明朝官员却忘不了荣华富贵，忘不了舒适的生活，何况多尔衮打出了“吊民伐罪”和“兴灭断绝”的旗号，把矛头集中到了李自成农民起义军身上，准许前明官员“俱

王宏祚画像

汉原官同满官一体办事”。于是大批的前明官员为了保住经过多年苦读四书五经才求得的舒适生活，开始剃发束辫，王宏祚便是这众多官员中的一个。从今天的历史唯物主义角度来看，这些剃发束辫的前明官员也是顺应了历史发展的潮流，没有什么过错。

善于抓住机会的人，抓到一根稻草也会向上爬，更不用说有人为其搭建了一个台阶。大清顺治元年（1644 年），王宏祚任荷岚兵首，总督吴孳昌派他负责筹划军饷。就在这时他捧出了在战乱中收拾保管的户籍，为清朝廷找到了征收全国田赋的依据，第二年他便由总督李鉴推荐任了清朝廷的户部郎中，又干起了老本行。只是世道变化，主子换了。可以说此时的王宏祚已经抓到了往上爬的梯档，他深知主子正需要新的户籍资料，马上趁热打铁，把他在战乱中所收集的一些关于田赋徭役的资料搬出来认真研究。并提出了他的见解：“民不苦供而苦杂派，法不立则吏不畏，吏不畏则民不安。闾阎菽帛之输，朝廷悉知，则可以艰难成节俭；版籍赋税之事，小民悉知之，则可以烛照绝侵渔，裁是赋役。一准万历间法例，晚末苛细巧取，尽芟除之，以为一代程式。”因此他进一步得到顺治皇帝的赏识，开始受命主修清朝第一部关于国计民生的法典——《赋役全书》，从此他便扶摇直上，顺治三年升为太仆寺少卿，六年任太仆寺卿、郎中，十年擢升为户部侍郎。他就这么一边在宦海里扑腾着，一边慢慢地修着他的《赋役全书》，直到顺治十五年书才修成。顺治皇帝一高兴，便把他擢升为户部尚书，加太子少保，顺治十六年进太子太保。

大清顺治十八年(1661年)，正当王宏祚仕途宏达之际，顺治皇帝隐遁了，传说是去了五台山出家。康熙帝即位，这时王宏祚面对新的主子不知所措，只得借口父母谢世故里，他要解官奔赴以示孝道。在宦海里搏游了这么多年的他深知“一朝天子一朝臣”的道理，或许他当时还听到了现在的一些稗官野史所写的顺治是被康熙所谋害这样的传说。康熙准奏，他便悄悄上路回保山了。传说只带一马一夫的王宏祚回到离保山城北关的接官亭半里处便下马步行而来，以示对故土的尊敬。从保山出来迎接他的父老们却故意慢腾腾地将他迎进接官亭，一齐向这位荣归故里的王尚书磕头问安。可在王宏祚还礼时却发现这些父老虽都穿了长袍大褂，但谁也没有穿裤子。他顿时羞愧满面，心中

梨花坞外景

明白自己原为明朝官员，后来却做了清廷的尚书，这便是所谓的“二臣”，父老们不穿裤子来迎接他羞辱他，这是保山人民重气节的表现。他赶忙诚恳谢罪，表示一定为老百姓办实事，决不有损于家乡的声誉，这才得到了父老们的谅解。这虽然只是一个传说，但也不无可能，因为从顺治二年开始，清朝贵族就以征服者的姿态，实行了民族奴役和压迫，强行剃发束辫，提出“不随本朝者，杀无赦”，并且进行了野蛮的掠人为奴和强行圈占汉族土地的举措，民族矛盾空前激化。于是许多汉族迫于生命和生计，剃发束辫做了清朝的臣民，内心深处却隐藏了一种对清朝的排斥心理，这种排斥应该包括对“变节”的前明官员。

王宏祚回来了，他便选了这梨树和柳树竞相而长的山坞，在九隆冈第五峰半山腰的苍松翠柏中修建了梨花坞庙宇，在慈云阁内雕塑了观音大士的塑像，供世人朝拜。这似乎也是在为自己祈祷。清康熙三年(1664 年)，他又任了刑部尚书，康熙八年任了兵部尚书。清朝设了六个部，他历任了三个部的尚书，因为他是保山永昌人，便有了“永半朝”之称。

从王宏祚始建慈云阁算起，梨花坞迄今已有 300 多年的历史了。就在这风云变幻的 300 多年里，梨花坞经受了几番破坏几番修葺。到了“文革”时，梨花坞又成了被革除的对象，1968 年左右庙内设施惨遭破坏。1969 年被保山地区邮电局所占用，被列为禁区。水泥柱、铁丝网令人望而生畏。直到十一届三中全会后，佛教政策逐步落实，比丘尼释果全来任住持后，靠社

大殿

会各界和游人投资又重修了梨花坞。2007 年开始填平原来寺庙前的山洼壕沟，扩大建筑群的规模。

眼前的梨花坞，庙宇又得到了更好的修葺和扩建，变得更漂亮了。日光之下，琉璃瓦泛着金光，清风吹来，飞檐上的风铃声回荡在山坞里。曾经一度又名“大梨园”的梨花坞难得见到梨花的踪影，山洼周围的垂柳亦成了“珍稀植物”。好在近年来，寺庙的管理者又开始种植梨树。看着满山坡的梨树苗，我们期待着那满坞的梨花，如雪一样在清风中扬起，又如微露一样洒去，馨香飘彻隆阳。

光尊寺：教化深远的三教圣地

关于三教合一的作用，宋代理学家张商英曾借喻说：『儒家是治皮肤病，道家是治血脉病，佛家则治骨髓病。三教相通，可治根本。』可以说，隆阳热土从曾经荒蛮的『微外之地』发展成为『滇西历史文化名城』，光尊寺功不可没，教化深远。今天，古寺已经涅槃新生，瑰宝重放光彩……

光尊寺是一座千年古寺，位于隆阳区板桥镇东北部，始建于唐朝天宝年间，系南诏王皮罗阁为祭祀佛教尊神而建，现存建筑多为清朝后期至民国初期重建。据明人邹光祚《光尊寺三教序》载，光尊寺形成前期，只奉西方佛教。元代至清道光四年，始成佛道合一寺观。乾隆至嘉靖年间，扩修庙宇，增供孔孟牌位。至此，原来佛道合一的寺观又演变成儒、佛、道三教合一的庙宇，并从此延续下来。

隆阳是古哀牢国的发祥地，唐朝时期隶属于永昌节度，南诏时代，汉传佛教分别通过通安南道、同黔中及邑州道尤其是通川西道传入云南，隆阳成了一个佛教传播较早的地方。光尊寺，作为一座千年古寺，它

在弘法利生的同时，也以博大的胸怀接纳了随佛教之后传入隆阳的儒教与道教，形成了儒、佛、道同处一堂共享香火的局面。

关于光尊寺的寺名，传说最初的名字是叫“光金寺”，后因明朝建文皇帝落难逃到过光金寺，在此暂住了三天后，寺内住持才得知来客竟是建文皇帝，于是该住持认为这是吉祥之兆，特地将“光金寺”更名为“光尊寺”。

宗教作为一种社会意识形态，在人心安顿、道德提升、文化建设等方面具有重要的作用。儒、佛、道三种宗教在一定程度上成了隆阳大地上的文化载体，在文化传承光大上起到了极为重要的作用，尤其是在从“以夷文化为主体”的哀牢文化到“以汉文化为主体”的永昌文化的传承光大过程中，起到了推波助澜的作用。一种宗教即是“法力无边”的，更何况三种宗教的和谐发展？关于三教合一的作用，宋

光尊寺全景

代理学家张商英曾借喻说：“儒家是治皮肤病，道家是治血脉病，佛家则治骨髓病。三教相通，可治根本。”可以说，隆阳热土从曾经荒蛮的“徼外之地”发展成为“滇西历史文化名城”，光尊寺功不可没，教化深远。

作为一方教化深远的三教圣地，光尊寺是全国少见的儒、佛、道三教合一的大型寺院，更是目前滇西保存比较完好的最大的古建筑群之一。整个光尊寺占地 15 亩，由东向西建成七进五院，共有殿宇楼斋房计 23 幢，建筑总面积达 9000 余平方米。建筑为传统的中式土木结构院落式建筑。建筑布局自西向东依山顺势纵向排列，依次有山门、过厅、玉皇阁、瑶池楼、三宫殿、文昌宫、大雄宝殿、斗姆阁等。

光尊寺大门

光尊寺的全部建筑浑然一体，粗犷古朴，建筑布局错落有致，屋宇雄伟庄重，结构古朴典雅，集中了保山乃至整个滇西汉族地区自元、明以来，保山儒教、佛教、道教三教合一宗教建筑的风格和特点，具有很高的历史艺术价值和科学文物研究价值。但作为一座千年古寺，光尊寺的命运是曲折多劫的。

佛门应该是净地，也应该是静地。可是近代史上的日军侵华战争，却把光尊寺卷入到了历史的旋涡中，立到了时代潮头。

1942年，太平洋战争爆发，日军大举进攻滇西，中国远征军进驻保山。光尊寺曾一度被选为远征军司令长官部驻地，国民党高级将领卫立煌、李根源等人多次在光尊寺召开军事会议，制定抗日策略。另外，据史料记载，光尊寺的部分建筑在抗战期间还被用做军火库和粮食仓库。

1945年抗日战争胜利后，为纪念滇西抗战胜利，表彰中国远征军的抗日功勋，中国远征军司令长官部司令卫立煌、云贵监察使李根源、云南省第六行政督察专员公署专员李国清与保山参议会长范月三等官员倡建远征中学于光尊寺内，并且李根源亲自手书“远征中学”校名。

此后，随着保山第一支革命武装力量的建立，远征中学先后有300余名学生参加革命工作，光尊寺也由此成为滇西红色革命的堡垒和摇篮。同时，因为远征中学内诞生了中国共产党在保山最早的党支部——中共保山县特别支部，光尊寺在保山现代革命史上，也占有了重要的一席，具有重要的历史纪念意义。

光尊寺外景

新中国成立后，保山光尊寺于1959年交由原保山县（今隆阳区）粮食局用来做过粮食仓库，由于种种原因，寺里的所有塑像和大量的珍贵文物被大批损毁。曾经环绕寺院周围的上千棵梨树也被砍光，寺东侧的梨园被改建成了一个大型的地下储粮室，共有8个储粮仓。

而这一用，就是40年，这几乎是人一生中的大半光阴，地方上的文化人士和文物部门在这期间多次为光尊寺的合理保护运用发出呼吁。因此，光尊寺于1984年12月被列为原保山市（今隆阳区）重点文物保护单位。

作为最低级别的文物保护单位，保护的力度难免不够。2001年粮食部门从光尊寺撤出后，光尊寺里就只留下一些空荡荡的千年古屋任凭风吹雨淋，烈日暴晒。因年久失修，大部分庙宇殿堂面临倒塌的危险，文物抢救工作已经到了刻不容缓的时刻。于是2003年12月，光尊寺又被云南省政府列为省级文物保护单位。

曾经，这里拥有的是辉煌，明代谪贬永昌的状元杨升庵对当时的光尊寺曾有过这样的诗句："光尊寺里桃应笑，回首东风几度春！"可是，在新世纪的繁华与喧嚣里，光尊寺却褪尽铅华，丛生的杂草，扑鼻的霉味，虫噬的椽柱，满墙的裂缝，陨落的瓦面……满目疮痍的景象牵动着多少有识之士的心。

在社会各界的关心中，修复光尊寺的事宜被提上隆阳区委、区政府的重要议事日程。2007年8月，由隆阳区旅游局等多个部门参与的光尊寺开发建设项目正式破土动工。

据了解，整个光尊寺开发项目计划总投资2133万元，主要分为两个区域开发建设，即光尊寺寺庙群开发和新区开发。其中寺庙群修复工程，包括光尊寺主体建筑修缮、佛像修造、附属工程、周边基础设施建设及环境整治；新区开发建设，包括“三教合一”和平广场、佛教文化长廊、陈列馆、素食区及田园风光游览区建设等。

在文物部门“修旧如旧”的指导下，经过能工巧匠们历时近两年的修缮，规模宏大的光尊寺主体建筑修复工程于2009年2月通过了省、市、区相关部门的验收，全院23幢囊括佛、道、儒“三教合一”的整体建筑群依照恢复主体建筑原貌的宗旨全部焕然一新。巍峨挺拔的朱红廊柱、高大雄伟的殿宇、设计精妙的古戏楼、巧夺天工的雕龙画凤，在蓝天的映衬下，光尊寺隐藏了多年的那股霸气扑面而来，引来多少媒体记者惊呼：“光尊寺复活了……”

目前，滇西旅游资源精品线路已经成为云南省重点打造的一条黄金旅游线路，而在这盘大棋中，光尊寺将成为地处交通要冲的隆阳的旅游开发旗帜。但修复主体工程只是完成了开发建设的第一步，第二期工程还在紧锣密鼓地进行中，全部完工将对社会免费开放。

走进修复后的光尊寺，处处透露出一种威严，让人穿行在历史的时空中，忘却工作中的不快，净化心灵，怀想历史风云、品玄妙宗教、看建筑美学、聊传说轶事、论古今传奇、观田园秀色、听古戏茶歌……

修葺后的光尊寺一角

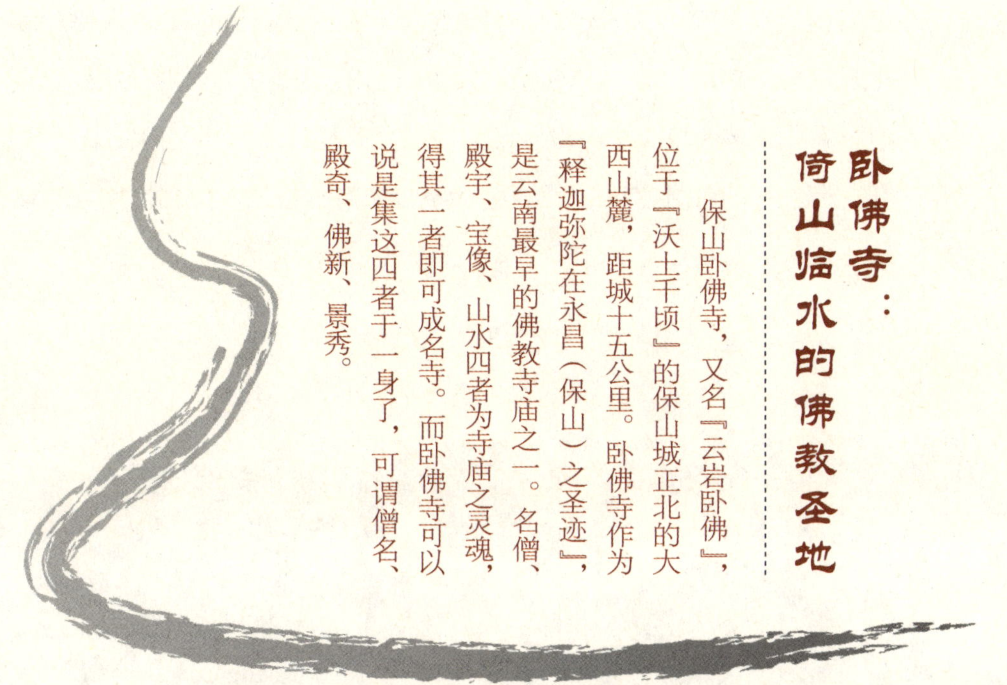

卧佛寺：倚山临水的佛教圣地

保山卧佛寺，又名『云岩卧佛』，位于『沃土千顷』的保山城正北的大西山麓，距城十五公里。卧佛寺作为『释迦弥陀在永昌（保山）之圣迹』，是云南最早的佛教寺庙之一。名僧、殿宇、宝像、山水四者为寺庙之灵魂，得其一者即可成名寺。而卧佛寺可以说是集这四者于一身了，可谓僧名、殿奇、佛新、景秀。

在遥远的公元8世纪初，印度僧侣些岛和尚等人沿着南方丝绸古道一路跋涉，经过掸国进入永昌境地欲到长安传教。关于些岛，相传他是印度七沙门之一，曾与坐床鸡足山的迦叶一道跟佛祖学经。因对佛祖的虔诚信仰而产生的弘法利生的使命感，让几个疲惫的身躯充满了澎湃的激情。途经保山大西山时，山川正披着金色的霞光，古道边上的一个悬崖下，一个巨石俨然一尊横卧的佛像，巨石后面是一个天然的溶洞，因为霞光，洞口形成了一个光环，明明灭灭。眼前的景象使些岛和尚等人禅心大动，一阵虔诚的膜拜，些岛和尚便决定在此建寺传教。

当时，滇西正处于南诏异牟寻时代，保山坝的主体民族还是少数民族，蒙昧的心灵正需要宗教的教化。于是，经过些岛和尚等人苦行僧式的广为劝募，很快便请来工匠开始精心营建。工匠在洞口倚悬崖竖石柱、架石梁、垒石墙、搭石椽，并利用自然延伸的岩石雕凿成斗拱式建筑。7 年之后，一座依山傍岩的寺庙便建成了，大殿之内的石洞内，一尊头南而足北、两眼微闭、一手微曲托头、一手平伸置于腿上、端庄而安详的卧佛横卧岩下。整个寺庙艳而不俗，洞殿相接之处为藤萝遮掩，从远处看起来，庙宇与山石俨然一体。

这，就是这里要说的保山卧佛寺。因为全国多地均有卧佛寺，为了好区分，此处便被称之为云岩卧佛。数百年来，这里香烟缭绕，卧佛受到了人们的顶礼膜拜，寺庙也成了滇西的一方旅游胜地和一方佛教圣地。但原来的石卧佛已毁于“文化大革命”中，现在所见的号称“中国第一玉佛”的卧佛是旅缅华侨居士付凤英等佛教弟子于1988年联合捐赠的，当时的中国佛教协会会长、著名书法家赵朴初先生还为此题写了“云岩卧佛”的大殿匾额。

卧佛寺

关于卧佛寺，在保山还流传着一个动人的传说。相传远古时代，大西山下的天然溶洞里有一条暗河直通怒江，洞中流出一股清泉供人饮用。有一天，暗河突然奔涌急泻而出，保山坝的万顷良田和村庄百姓面临着被淹没的可能。这时，一个从芒焕坝（今芒宽一带）来的傣族货郎刚好从这里经过，情急之下，他毅然横躺在洞口挡住了迸溅的河水，为保山坝的百姓免除了一场灭顶之灾。而他，也因为大无畏的“我不入地狱谁入地狱”的舍己为人精神，肉身凡胎被佛祖化为了横卧的石佛，享受着人们的供奉。

数百年来，卧佛寺吸引了太多关注的目光，香客游人来自本地和缅甸、泰国等东南亚国家，名人也来过不少，吟诵的诗文也很多。

卧佛寺五百罗汉塑像

明代旅行家徐霞客于崇祯十二年（1639 年）春，由乡人向导持火把探访卧佛洞，写道："盖一洞而分内外两重，又分上下二重，始觉其奇甚也……"是天造的"洞天佛地"。明代参将邓子龙戍边御敌于永昌，戎马倥偬之余，游卧佛寺留下了这样的诗句："神仙渺渺蓬莱岛，天际白云虚杳杳。四海苍生困苦多，何需卧此乾坤老？"老将胸襟，以佛自况，至今读来仍很动人。

卧佛寺使人流连的除了似睡非睡的卧佛之外，还有本土泥塑家在殿内悬岩上塑的形态各异、惟妙惟肖的五百罗汉像，那姿态与形象绝不亚于昆明筇竹寺的五百罗汉。到了每年的正月初八，庙里寺外，都是些来赶卧佛庙会的人。

卧佛寺不愧是滇西和东南亚久负盛名的佛教圣地之一，就连寺里池塘中的鱼都与众不同，多少沾有一些"仙气"。池塘中的水是从大殿一边的地下暗河中流出来的，流量很大，池内的鱼有 10 余个品种，自古均非人工放养，是从暗河中流出的。其中有一种鱼，鱼身为暗青色，尾部颜色较为浅淡，呈蓝色；鱼鳍比其他的鱼多一个，而且肚皮上还有颜色为黑、红、白清晰可见的3条直线，在阳光的照射下鱼鳞会发出耀眼的光彩。这种鱼还掌握一门“绝技”——会吃游人投食的葵花子，吃时还会用嘴剥壳吐壳。当地人称这种鱼为卧佛鱼，科学名称为四须鱼，是一种珍稀鱼种。

卧佛寺现任的住持素良法师是一位仙风道骨的神尼，法师从幼年出家，到卧佛寺数十年，大半生的心血都花在了卧佛寺的重建上，卧佛寺的建筑也愈来愈漂亮。在一个环境幽静的古寺，和一位老法师说法论道，不失为一大雅事。

今天的卧佛寺，已被列为云南省重点文物保护单位，殿宇、宝像修葺一新。它的特点被人总结为：僧名、殿奇、佛新、景秀。相信随着南亚大通道的打开，铁路的贯通，境外佛教国家游客会越来越多，它将成为西南最靓的佛教旅游胜地之一。

卧佛寺外景

一方水土养一方人。

一方家园滋养一方文化，风尚习俗是我们家园文化的活化石，地灵人杰的隆阳是风情万种的，就像一位风韵成熟的妙龄女郎。

在节日喧嚣里，隆阳是最美的。

在歌舞升平中，隆阳是醉美的。

一方最美的家园，在醉眼朦胧中含苞欲放……

隆阳
LONG YANG
风习淳美显家园和谐

花街：一个以花命名的节日

走在花街上，人面桃花开，人们领略到春光的无限美好，不禁把脚步轻放，让美的花船慢慢地驶进自己涌动的心海。行在花街里，千枝泛翠，如在春情的绿野中徘徊；晴光淑景，如在幽雅的山水间放怀。人们喜爱花街，是因为她经历了霜凌寒威，万木颓败，才如此震撼地登上新春的大舞台。

千家万户的爱好，
四乡八寨的珍藏，
祖祖辈辈的传统，
漫山遍野的春光，
汇成这人间的奇景：
花街花城花的海洋。

奇花异卉数不清，
彩云紫雾如梦幻，

比端午艳阳更热烈，
比晴天朝霞更灿烂，
我感到春光浓于酒啊，
迷醉在保山的花街上。

百样花枝吸引我的目光，
千般香味扑进我的鼻腔，
万分激动的心却在思考：
祖国边疆的好山好水，
辛勤园丁的匠心独运，
天才花工的奇思妙想……

——晓雪《花街》

百花争艳

保山的花街不是一条街的名称，而是老百姓对端阳花市的别称。每年（端午节）前后，保山满城满街皆花，群花争奇斗艳，汇成南国特有的花街。人们也就以花为媒，相聚保山城，以赶集的方式庆祝一个以花命名的节日。前面所引的著名诗人晓雪的诗歌《花街》已经非常形象地写出了花街的主要特征。

追溯花街的历史，与保山的开发有关。保山（古称永昌）是云南历史上开发较早的地区。西汉元封二年（公元前109年），即设置县级行政机构，此后，不断有中原及江南移民迁入，公元69年，以保山为中心的永昌郡设立。所有这些，均在一定程度上促进了保山的开化和发展。

明朝初年，朝廷大量移民进入保山，移民中不乏一些很有才学和技艺的人，特别是移民中还有部分是来自南京附近地区的。当时古都南京和苏州、杭州、扬州的山水花木早就驰名天下，这些地方的移民入滇，带来了内地栽花接木的培植技术。这样较高的园艺技术的引进，又因保山气候温

赏花

和，雨量充沛，“其地土则平衍，其山川则秀丽，著称南方富庶地”，这些优越条件，栽培花木培植盆景这一园艺事业，作为人们文化生活的一部分，也随之开展起来。

明朝中后期，栽培花木已经成为保山的地方时尚，这从杨慎等文人的大量咏花诗文中可以得到印证。当时，城内外出现不少大的花园，园艺水平较高，已产不少名花，徐霞客在其《游记》中，就记载了永昌马氏、闪氏等四家的大花园。张志淳作《永昌二芳记》记载保山花木繁盛：茶花有36种，杜鹃花有20种，皆永昌所产。

至于花街的形成，虽然无正史记载，民间却自有演绎。

相传，保山的“端阳花街”起源于明朝嘉靖初年。当时，永昌的读书人张志淳官至朝廷的户部右侍郎，被人们称为“张侍郎”。后来，张侍郎告老还乡，就居住在永昌城（保山城）内的上巷街，他在宅第内建起了自己的花园，号称“张家花园”。园内广种各

种花木盆景，花卉的数量和品种都十分繁多。每年的农历四月底五月初，正是永昌一带百花齐放、争奇斗艳之时。而当时的保山民众早已有农历五月初五过端阳节的传统。每到端午节这天，张侍郎这位荣归故里的朝廷大员，就安排下人们将自己家花园内的各种花木盆景抬到宅外的上巷街沿街摆放，让城内与四乡八邻的父老乡亲与自己一同欣赏花卉，以增加节日的气氛。时间一长，其他的大户人家和有条件的居民们，都纷纷效仿张侍郎家，每到端午节这一天，就把自家栽培的花木

盆景也抬出来沿街摆放。久而久之，一到端午节这一天，永昌城内的上、下巷街就成了摆满花卉的一条街，人们也把端午节纷涌到这一带观花、赏花作为一种时尚。这样，保山城内的花街就自觉、自发地形成，四乡八寨的民众在端阳节进城赶街看热闹也就被称为“赶花街”。

保山传统花街的主要特征除了花就是药，甚至老百姓还把“花街”叫做“药街”，这也是有来历的。

相传，清朝咸丰年间，保山城内红白旗相争（保山通称汉回相争）死了几万人，造成城内瘟疫流行，许多幸存的人家只得四处逃亡。一位城内的张姓老中医就教城内活着的居民们，用生石灰、木炭、石膏、硫黄等物对水井、室内和房前屋后消毒；用青蒿、青松毛等烧火熏屋；又用艾蒿、藿香、薄荷、车前草等熬水喝；还用千里广、小木桐、金竹叶、桃叶、柳叶、小荨麻等煮水擦身沐浴等方法消除瘟疫。这些方法果然十分有效，一时间，逃到城外和四山去躲避瘟疫的居民纷纷回城，按张老中医教大家的方法来消除城内瘟疫，使永昌城内恢复了人气。这期间，永昌城内的生石灰、木炭、石膏、硫黄及各种药草成了救命的奇缺货，城外和四山的人们得知这一情况后，就纷纷将这些材料和药草运进城里卖，使城内的瘟疫得到控制并逐步消除。第二年的端阳节，保山坝和四山的人们意识到热天已来临，上年的瘟疫有可能会复发，大家就按战乱以前每年端午节进城赶花街的习惯，自发带上中草药到城内去卖，于是中草药开始融进了花街。

随着时间的推移，花街逐渐成了万种花、千种树、百种草，连街塞巷、如海如潮的民间自由贸易集会，贸易物品中花、药、鸟、虫、鱼一应俱全。

新中国成立后，保山花木业有较大发展。特别是改革开放以来，百废俱兴，百业正举，不仅传统花街繁荣，花街期间的商品交易亦随之兴旺昌盛了。自然，每到端阳节，或政府组织或群众自发组织，人们自觉地在店门口展出自家培养的花、盆景等，保山花街成为了保山人民的盛大节日。昔日的民间赶花街已发展成为由政府组织协调、统一筹办的集花卉、药材、地方名特优产品展销、商品物资交流、经贸技术协作、科技知识咨询、文化体育活动于一体的大型综合博览会。2004年，隆阳区委、区政府借鉴外地经验找准基点，发挥特色，以节扬名，以节兴区的经济成功模式，审时度势，将传统的民间文化节日赋予了历史与时代完美结合的内涵，确立了将保山的文化、旅游产业做强做大的

思想，成功举办了“首届中国保山南方丝绸古道商贸旅游节暨端阳花市”（简称商贸旅游节）。

截至2013年，隆阳区已经成功举办了十届商贸旅游节。商贸旅游节已成为隆阳区的一项重大节庆活动，成为隆阳区增加与外界联系的又一窗口。隆阳区委、区政府依托这一平台，充分向世人展示了隆阳人民勤劳、朴实、开放的精神风貌，进一步提高了保山的社会知名度。一年一度的商贸旅游节以它独特的风貌和魅力树立了隆阳的良好形象，吸引了更多企业到保山投资发展，促进了经济社会发展，促进了经贸、旅游、文化联姻向外推出保山。但在老百姓的口中，大家还是习惯把商贸旅游节称之为“花街”，或许“花街”比“商贸旅游节”更有亲和力。

五月端阳，花街成了一个保山文化异彩纷呈的博物展览馆。通常，花街的白昼是属于四乡农民的，千村万户的乡民吃饱喝足之后，一大早便不约而同地扶老携幼，或乘车、或步行，浩浩荡荡进了城。他们当中的绝大多数其实并不一定为赏花而来，也未必要购物而归，他们

端阳花街开幕式

是应着“节气”来看热闹的。而城里人白天工作忙，也怕挤。他们对花街的兴趣往往是以松弛的方式来完成的。当夕阳落山，人潮退去，在习习晚风中优哉游哉地边逛边赏、边赏边逛，已成为他们欢度“端阳花街”的一种方式。

花街像是一个美不胜收的梦，保山人年年做、岁岁温，且年美一年，岁盛一岁，不仅长成了滇云深处独步一方的醉人风景，还落地生根，分蘖出了别有情致的一套乡风里俗，那“香气氤氲起万家”的情景，确给端阳盛会平添了浓郁的节日气氛。花街又像是一支畅想曲，还像一个魂牵梦绕的世界：看到人们钟情的高雅兰花，就看见春天在琴弦上流光溢彩。看到色艳群芳的菊花，就看见刚烈不阿的冲天豪迈。看到四季常绿的山茶花，就看见艳而不妖的开怀和谐。看到清水上亭立的水仙花，就看见曼舞的凌波仙子踏春而来……牡丹的雍容华贵显示她“国花”之富裕繁荣，杜鹃的缤纷如霞表露她“西施”之倾城气派，月季的花姿秀美炫耀她“皇后”之四时风韵……

赏花，问花，追花，寻花。奇花异葩，流光溢彩。保山端阳花街节庆活动以保山传统的端阳花市为背景，深厚的历史文化、多元民族文化和蓬勃发展的企业文化为基础，丰富的旅游资源为依托，构筑对外交流发展平台，大力开展文化商贸交流，全面展示多元民族文化魅力，努力营销旅游精品景点线路，坚持把旅游、文化和经济有机结合，促进地方经济社会和谐发展，招商引资已经累计逾数百亿元。

——已经拥有150多年历史的保山“端阳花街”，就这么鲜活地展现着保山隆阳的独特风采，愿花开太平春万载！

哀牢犁耙会：一个纯粹的农民狂欢节

『犁耙会』是庄稼人自己的街子：买的卖的全是农具，买主卖主全是农民。近山挨林的，卖的是犁杖锄把之类的木具；竹林婆娑的人家，卖的是扁担囤箩之类的竹器；而那些半工半农亦工亦农的手艺人，则是卖叮当作响的镰刀、犁头之类的铁器。当然，不少卖主往往同时也是买主：你买我的箩筐，我买你的犁杖，互通有无，皆大欢喜。

横亘在保山坝广袤田野上位于隆阳区河图镇东边的山脉，因造型酷似沉睡的一代伟人毛泽东像，而被有些创新意识的人称为“毛公山”，山下现在还成立了一家“毛公山旅游公司”，但追本溯源，称此山为哀牢山似乎更符合保山的历史，更契合保山曾是古哀牢国发源地的这一人文记忆。哀牢山山麓的岩厦台地上建有一座名为哀牢寺的建筑，古时曾称为“哀牢祠”，主要建筑特色是“寺倚层崖下，其上崖势层叠而起”（《徐霞客游记》）。大雄宝殿以水红色的岩崖为后厦，人工建筑的殿宇部分为前厦。并因此衍生出了一句本土歇后语“哀牢寺的大殿——大偏厦”。哀牢山北角有两个石穴，远远望去像两个药碾。两池水一冷一

热，分别称作金井、玉泉，两泉深二尺二寸。金井若在整个春季都无水，则预示着这一年干旱；若金井里水比较浅，则预示着雨水少，反之，则预示着雨水多。

雄峙延绵的哀牢山和整个鬼斧神工的哀牢寺建筑群构成了保山坝底蕴深厚的一个文化景点。一首大意“河图有座哀牢山，哀牢山上有个哀牢国，哀牢国里有个哀牢王”的古歌彰显那段已消逝久远的历史。传唱有多少年的古歌就可以印证古哀牢国的多少年历史。从地球诞生的历史来说，山脉是因地壳变动、撞击、挤压，在平面瞬间突兀、高耸而起的形状，因此山脉毫无争议地在人类产生前就雄峙在地球上了。横亘在保山东边的这座名为哀牢山的山，是因哀牢国的产生而得名，还是在哀牢国诞生前已有此名已无从考证，但从很多典籍中记载，哀牢国就起源于这座山。

哀牢寺

卖农具的赶马人

每年农历正月十五民间凭吊“哀牢国大官”的活动，就是哀牢犁耙会的开始之日，相传已赶了千百年。如今以“哀牢犁耙会·农民狂欢节”冠名的节日，已被隆阳区列为“八大节庆”之一。“哀牢犁耙会”会期为正月十四、十五两天，届时四邻八乡甚至外县市少则两三万、多则五六万人簇拥在哀牢山大官庙下，主要从事犁、耙、锄、箩等农具的交易，各种特色小吃和各具特色的民间文化娱乐活动也随之闪亮登场，犁耙会人山人海。其中又与参与的农民为最多，是一个名副其实的农民狂欢节。来自四邻八乡的农民将自己加工的农具拿到此地出售，完成农具使用价值到商品价值的转换；或者以物易物，用手中的犁换你手中的耙，或者用手中的簸箕换你手中的背篓……于是讨价声、易物声，声声入耳，汇成一曲犁耙背篓锄头响的农具交响乐。

几个老汉看看自己加工售出的农具，或者用自己加工的农具换到自己所需的器具，就很有成就感地三五成群聚集一起，相互递上旱烟，卷上一只粗壮的“喇叭桶”很惬意地深深吸一口，缓缓吐出，在青烟缭绕中唠唠农时、农事，唠唠尘封久远的往事，或者说说邻家有个妙龄女子，彼家有个年岁正值当时的壮男，在说者无意、听者有心的意会间就会无意间成就一桩美满姻缘。隆阳各种特色小吃也炫目登场，下村豆粉、河图大烧、丙麻牛肉、金鸡口袋豆腐和烧鸽子……全都以色香味俱佳的汇集诱惑着行人。这边还在大块朵颐地品尝着各种风味小吃，那边“哀牢国王出巡”、“哀牢公主招亲”模拟或复制哀牢古国的“国事”活动和搓玉米、扭松毛、犁地等民俗活动比赛已热火朝天地开展了起来。各种“官方”的和民间的民俗活动不但凸显了农民是节日的主体，而且恍惚间似乎令人回到了渐行久远的哀牢古国，似乎从那些喧嚣和模拟而出的影像中看到了一个王国曾经的背影。

远古时代，保山坝就是一个海洋。《保山县志稿》记载：“保山平原，乃一陷落之低洼盆地，系一古海，支流所经之区，环周百余里，高处森林密布，低处沼泽湖海，河流纵横，无路可通，居民多沿四面山

麓生存。”像所有人类早期的文明都滋生在河流旁一样，古哀牢国的创世神话就与这一古海（实际上是湖，云南人习惯上将较大的湖都称为海，将较大的水库称为海子，给外面的印象是云南大地上到处都有海）有关：一个名叫沙壹的女子居住在哀牢山上，时常到古海里打鱼。一日天气炎热在湖中游泳，触到水中的沉木，身上竟有两性之间的快感，回家后就怀孕了。满10月后，一胎生下10个儿子。10个儿子渐渐长大，一天母子在湖边嬉戏，水中曾触摸使自己怀孕生子的那根沉木忽然变成一条巨龙，缓缓游出水面问她：“你为我生的儿子在哪里？”当沙壹把孩子们指给龙看的时候，有9个孩子因害怕跑了，只有最小的一个儿子还背着龙坐着。龙于是爱昵地舔了舔孩子。沙壹将最小的孩子起名为“背坐”，沙壹说话的语调就像悦耳的鸟鸣声，所谓莺语燕声，从今天的审美来看，沙壹当是位貌美语甜的妙龄女子。又因沙壹语言中“背”称为“九”，“坐”称为“隆”，小儿的名字因此叫做“九隆”。九隆因最聪明能干，加之曾得到父亲神龙的舔舐，大家一致推举他做了第一代哀牢国国王。后来九隆十兄弟分别娶了哀牢山下一胎十女的十姊妹为妻，哀牢部族各支系由此繁衍发展起来。哀牢人以龙为图腾，男人身上都有龙的文身，女人衣后都拖有一根像尾巴一样的衣带。九隆以后，国王都不再进行推荐，而是世袭制，父亲去世后就由儿子继承，

青华海 | 玉泉

一直传了十五六代，直到东汉时期柳貌和他的儿子扈栗举国归汉。哀牢王族的起源和沿革故事收进了杨终所著的云南最早的《哀牢传》。九隆传说，恐怕是继4000年前有滇西古人在现在的金鸡活动遗迹后的最早的保山人类活动记载。诞生保山人类文明的这一古海，明朝时嫡戍保山的杨慎称其为青华海。青华海的存在，使沿"海"居住的人家有了靠打鱼谋生的载体，守着一泓碧水，在朝阳晚霞潋滟的海里捕鱼捞虾的场景成了一幅幅经典的油画或者写意国画，"渔村晚钓"也成了著名的保山外八景之一。

哀牢国是数个古老民族的集合。从公元前四世纪的战国中期，到公元69年"举国归汉"时结束，哀牢国先后存续约400年。其疆土东起澜沧江两岸，北抵滇藏临界区，西与印度缅甸毗邻，南界西双版纳南外地区，史称"其地东西三千里，南北四千六百里"，总面积约二十一、二万平方千米，其中属今滇西地区面积近14万平方千米。在这块广袤的土地上，生活着世居于此的一些土著民族。哀牢民族包括濮人（布朗、佤、德昂族祖先）、越人（傣族祖先）和氐羌人（彝、怒、阿昌、景颇等族祖先），统称为"哀牢夷"或"西南夷"，总人口愈

百万。到哀牢归汉时较确切的人口统计为“……种人户二千七百七十，人口万七千六百五十九……”（《后汉书·西南夷列传》）。哀牢国在历史上最出彩的一件大事就是“哀牢归汉”，即东汉永平十二年（69 年），哀牢王柳貌派王子扈粟率 77 个邑王、55 万部族归附东汉朝廷，此举奠定了我国西南版图的基础。

生活在这块土地上的人民，在晨起而作日落而息的生活中创造出在泱泱文化史上浓墨重彩的一笔——哀牢文化。通俗地说，哀牢文化实际上就是以“哀牢夷”民族为主体所创造的物质和精神财富的集结体，它大体包括了旧石器时代、新石器时代、陶器时代、青铜器时代和铁器时代哀牢夷区的主体文化，有别于后来汉朝在“哀牢夷”完成“大一统”时以汉族为主体创造的文化，保山史学、文化界称其为“哀牢文化”。哀牢文化是“哀牢夷”共同创造的区域性历史文化，它包括哀

犁耙会农具交易

牢物质文化和精神财富的文化整体，由没有文字记载的史前文化、哀牢国时代的青铜文化和哀牢归汉时“哀牢夷”与汉晋时代迁入的汉族共同创造的“汉夷”融合文化三部分。哀牢文化是“哀牢夷”创造的文化集结。哀牢文化在汉民族入迁前的一个很长时期，一直是这块土地上的“主流”、“主导”文化。而承载文化却又内蕴于人们世俗生活之中的，就是平常生活的节日、饮食、服饰。而诸如犁耙会之类的节日，在哀牢国时期可能是经常性组织的活动，是一种芸芸众生生活的常态，是农耕文明在民间的鲜活显影。而今天，靠有组织恢复起来的节日，不过是已尘封在历史中、鲜活在民间的文明碎片。这些“碎片”的“修复”却给现代人有种新鲜的人文记忆，有种发现的惊奇。历史的本质是一边创造一边丢弃，“创造—丢弃”这对本是矛盾的命题，在高速化和城市化日益发展的今天，使现在这些已渐行渐远田野、农具、农事的现代人无暇从故纸堆里搜寻历史的常态，却时时在恢复或扩大（抑或说做强做大）了的节日前有种发现的愉悦或满足，“自己发现自己，不是文化的悲哀吗？”（冯骥才《年画的发现》，《收获》2009年第1期）。然而，生活在被哀牢古国文明浸润的田野上的人民，有这样一个可以触摸哀牢国习俗，对那些质朴而又灵性的农具心怀敬畏的节日，于主办者、组织者而言是善莫大焉，于参与者而言是幸莫大焉，善焉幸焉都源于哀牢国一脉相承的文化、文明。有斯地，有斯节，有消逝而又存在的斯人斯物，是哀牢国后裔们的运气和福气。有了那些运气和福气，哀牢犁耙会这个能充分挥洒农民智慧、性情和才能并与他们生产生活离不了的节日必将持续其强韧的生命力。

以农民这个庞大群体的名义，礼赞一个属于他们的纯粹的狂欢节。

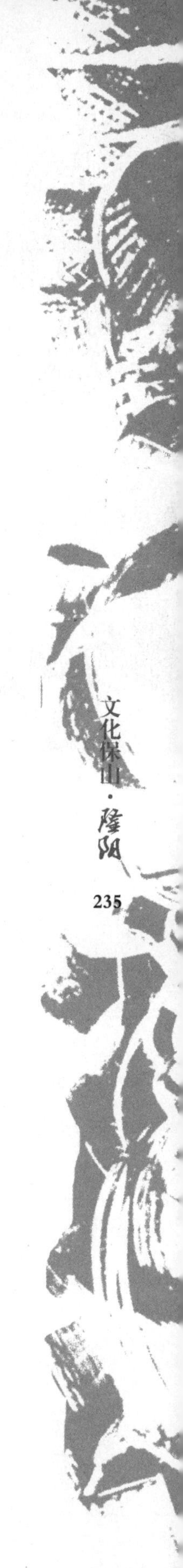

潞江泼水节：人水交融的欢歌

四月的潞江，歌的世界，水的海洋。在泼水欢歌中，诞生了一个清凉快乐的水世界。不管是远方的客人，还是当地的村民，都尽情地在水中释放着激情与活力，用水传递着快乐。姑娘、小伙子们相互追逐，桶盆飞舞，个个湿淋淋的，人们相信泼的水是吉祥水，可以消除病患，带来幸福和好运。

4 月，潞江坝异常闷热，热得让人难受的同时，也让人多了一份期待。一年一度的泼水节，也将伴随着四月的燠热来临。潞江坝的泼水节，让本地人和外地人，在水与火（火灼烧一般的热）的交融中，感受到了一个地域所包容的神奇：当地人们的热情，当地物产的丰富，当地多民族和谐地聚居，还有倒映在潞江里的山与水的完美组合……

其实潞江坝本身的神奇，是不分季节的，只是泼水节被更多人熟知而已。于潞江坝而言，泼水节便是一个很好的载体，更多的外地人可以通过短短几天的泼水节，充分认知一个世界，同时喜欢上一个世界。

对于当地的傣族和德昂族，泼水节的意义更是非凡，它的地位几乎超越了别的节日。而对于别的人，在这个节日里，能收获一份让人无法轻易释怀的热闹与体验。与水相联系的，是润泽潮湿，是轻柔润滑，而这恰好是这个看不见的热到处蔓延的地域所需要的。老子曰“上善如水，水善利万物而不争”，水是一种大事物，水是一种大境界。在这个节日，水成了实实在在的大事物，人们借助水完成了辞旧与迎新，人们借助水完成了心与心的交流。这里的人们通过水这种载体，把自己的热情尽情挥洒，尽显喜迎八方客的气度。

泼水节是傣族的新年，也是傣族最隆重的传统节日，同时还是布朗族、德昂族、阿昌族等民族的节日。潞江坝是多民族聚居的地区，这里有与这个节日休戚相关的傣族和德昂族，也有别的因受到这两个民族影响，而与这个节日产生了重要联系的傈僳、白、汉等民族。至今，

潞江泼水欢歌

这里所有的民族都参与了这个节日，早已不分地域不分民族。潞江坝的泼水节，往往从每年公历 4 月 11 日左右开始，为期 4 天，头两天为送旧，后两天为迎新。

泼水节源于印度，是古婆罗门教的一种仪式，后为佛教所吸收，约在 12 世纪末至 13 世纪初，经缅甸随佛教传入中国云南傣族地区。随着佛教在傣族地区影响的加深，泼水节成为一种民族习俗流传下来，至今已数百年。在泼水节流传的过程中，傣族人民逐渐将之与自己的民族神话传说结合起来，赋予了泼水节更为神奇的意蕴和民族的色彩。

小卜哨戏水

傣历新年，称为“宛麦”、“宛恼”和“麦帕雅晚玛”。“宛麦”是辞旧岁之日。第一天傣语叫“宛麦”，与农历的除夕相似；第二天傣语叫“宛恼”（空日）；第三天是新年，叫“麦帕雅晚玛”，意为岁首，人们把这一天视为最美好、最吉祥的日子。泼水节是傣历新年最古老、最富有情趣、最主要的一项活动，以前往往在“宛恼”这一天举行。而现在几乎从4月11日开始，便进行泼水的活动了。

潞江坝本身就是一个神奇的世界，这里多民族聚居，这里山与水完美地组合，在这样神奇的世界里，必然会营造出一些神奇的东西。而泼水节就是当地人们在这样神奇的世界里，所制造的与大自然的真正和谐。这种和谐，在这里不是一句口头禅，而是贴近大地的实实在在。这里的许多村落里，到处是参天的古木，有榕树，有攀枝花树。潞江坝的丙闷，每年都过攀枝花节，这是一个为一种古木过的节日。而泼水节，可以说是为了水而过的节日。只有感受到了水那轻柔凉快的泼洒，你才能真正认知水。

外人只有亲自参与泼水节，才会真实触摸到这个地域的热情。这是个狂欢的节日，在这一天，所有的内敛都不再内敛，所有的收敛都将不再收敛，你看到的只会是尽情地释放。平时那些至少是看似矜持的傣家少女，以及别的民族的少女，一改平日给人的感觉，变得异常活跃，与小伙子对泼，把水泼向自己的意中人，把水泼向认识与不认识的人。人们相互间泼洒出的水里，暗喻吉祥与祝福。人们借助泼洒出去的水花，传递着人间的大美与大爱。

水在现实中所具有的洗涤意味，被这个地域的人们发挥到极致。人们把自己种种美好的愿望，寄托在了水上。一盆一盆的水，一瓢一瓢的水，一滴一滴的水泼洒在了某人头上身上，就具有了洗涤意味，就具有了送旧的意味，也具有了以崭新的姿态，去迎接新的生活的意味。每年到4月12日前后几天，潞江坝的傣族、德昂族、傈僳族群众以及

远道而来的嘉宾，就会纷纷聚集在白塔，都以“泼水”这一形式来庆祝，在水的世界里分享自己的喜悦，这一天，似乎这个地域没有一丝悲伤。

潞江坝的泼水节，几乎每年都在白塔举行。泼水节里的白塔，成了歌舞的海洋、水的世界，那些如水一般的傣族舞蹈，往往是节日里人们最喜欢跳的舞蹈，这也可能是与水的世界平衡的唯一舞蹈。人们把欢歌笑语浸泡在水的世界里，人们可以尽情地释放着激情与活力与不快。据了解，以前的泼水节里往往会发生一些很浪漫的事情，一些青年男女在泼水节邂逅，并共度一生。这样的浪漫应该还继续在泼水节发生。在中国的许多少数民族里，甚至有一些节日专门就是为了让男女邂逅，以对歌共舞的形式。可以肯定，在过去的很长时间里，泼水节同样有这样的作用，它的辞旧迎新的意味甚至低于人与人之间的邂逅。一些

赕佛

年老的人，也会借助泼水节回忆着过去，让自己活在过去的美好中。

泼水节头一天清晨，人们采来鲜花到佛寺供奉，然后又将寺内的佛像抬到院中，担来清泉为佛像洗尘。赕佛礼毕，大家云集在泼水广场，白塔前专门有蓄水的水池，人们在广场周围，甚至广场内，逢人便泼。一朵朵水花在空中盛开，象征着吉祥、幸福、平安。泼水节当然不只在白塔进行，潞江坝的许多村落都在举行，只是白塔这边规模大些，也更热闹一些。为期四天的泼水节，到处是水的洗礼、水的祝福、水的欢唱。

潞江坝各族群众能歌善舞，但在平时，却难得一见。而在泼水节里，那些隐藏在民间的舞蹈高手，将不再隐藏，如果在泼水节来到潞江坝，你将见识到属于独特地域的绚丽多姿的独特舞蹈。白塔举行晚会，镇文化广场也举行晚会，许多村落都有自己的节目。人们穿上节日盛装，聚集到镇文化广场，观看那些晚会上的舞蹈，也参加到集体舞蹈当中。象脚舞热情、奔放、潇洒，舞者围成圆圈，合着铓锣，一边跳舞一边喝彩。孔雀舞舞姿优美雅致，婀娜多姿，柔情似水。有时能有眼福见到一些舞者的即兴之作，有的边唱边跳，有的边舞边弹奏乐器，其中不乏经典之作，让人感慨，真正的艺术源自民间。

泼水节，虽然为期只有4天，但在这4天里，能使人真正感受到水与人的交融所释放出的无限魅力。泼水节已经不仅是一个节日，它的意义已经超越了节日本身。

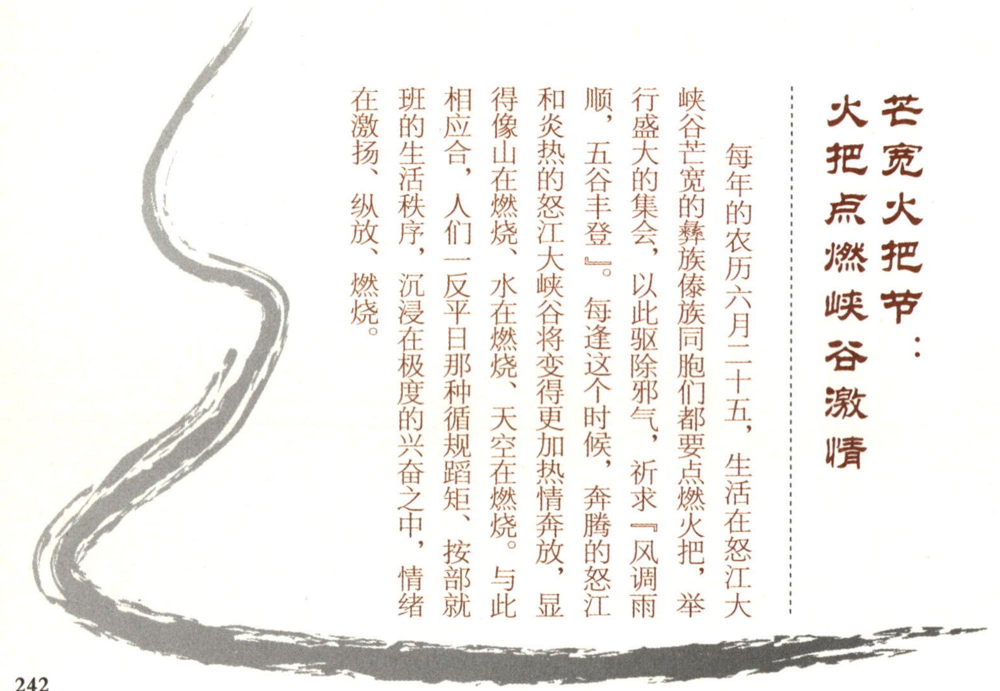

芒宽火把节：火把点燃峡谷激情

每年的农历六月二十五，生活在怒江大峡谷芒宽的彝族傣族同胞们都要点燃火把，举行盛大的集会，以此驱除邪气，祈求『风调雨顺，五谷丰登』。每逢这个时候，奔腾的怒江和炎热的怒江大峡谷将变得更加热情奔放，显得像山在燃烧、水在燃烧、天空在燃烧。与此相应合，人们一反平日那种循规蹈矩、按部就班的生活秩序，沉浸在极度的兴奋之中，情绪在激扬、纵放、燃烧。

怒江大峡谷是一个“水火相容”的地方。潞江镇的重大节日是泼水节，而芒宽乡着力打造的节日却是火把节。彝族是芒宽乡的 13 个少数民族中人口最多的一个民族，可以算是主体民族。而彝族是一个被称为火的民族，对于他们来说，火把是光明的象征，火把节是驱逐邪恶、灭害虫、预祝丰收、祈求吉祥的盛典。

每年的农历六月二十五日，芒宽都要隆重举行火把节。关于火把节的来历，芒宽的彝族同胞还流传着一个美丽的传说：在远古的时候，彝族人民辛勤劳动，年年五谷丰登，天王看见以后很不高兴，于是派了一个大力士神下到彝族地区毁坏庄稼。彝族有个聪明能干的青年立

刻上前同大力士神展开了殊死的搏斗，经过三天三夜的艰苦战斗，终于打败了大力士神。天王知道后恼羞成怒，就向大地撒下了许多灾虫，想把彝家的庄稼吃掉，彝族人民立即想出了一个办法，在夜里把火点燃起来，烧死所有的害虫。很快，村村寨寨都动员起来了，人人都点燃了火把，在田野里奔跑，终于消灭了害虫，保护了庄稼。从此，彝族开始有了火把节。

其实，彝族是一个崇拜火的民族，彝族的《祭火神》说："火是雷神火，火是雷送来。"史诗《梅葛》中说："没有火，天上老龙想办法，三串小火镰，一打两头着，从此人间有了火，日子好过了。"彝家人认为火是神圣的，从天而来的，使人不得不断定彝家人像其他民族一样最早

火把节开幕式

下火海

使用的火是雷电之后的自然火。据民族学者研究，彝家人的“种火老母”就是滇池地区萨咪氏族的酋长，她领导本家族所有成员，从事采集与狩猎活动，当时的人们生吃草木果实及鸟兽的肉，造成疾病毒伤之害。这位母系氏族时期的女酋长就教会人们用火烧烤食物并致力于保存火种的方法，与“钻木取火，以化腥臊”的燧人氏相类似。

而火神则是一位父系氏族时期名为阿衣迭古的英雄，传说，他死后尸体被砍为3段，在3个地方火化立了3座坟，用3个石头作标记。彝家人为纪念火神，就用3个石头作锅庄石，而在火塘南面放置的长条形石块，就是“种火老母”的神位。后来彝家人把火崇拜与祖先崇拜结合在一起，认为火塘的上方为祖先的神灵所在，火塘左方的锅庄石代表青年男子，右边的锅庄石代表青年女子。左右两个锅庄石分居两侧，与上方象征祖先神灵的锅庄石相对，有同是祖先后裔、共同繁衍子孙之意。所以火把节是彝家祭祀火神与祖先的节日。

过去，在火把节这天，嫁出去的姑娘一般都要回到娘家团聚，畅叙别离之苦和天伦之乐，因此火把节同时又被称为彝族姑娘节。有些村寨还举行摔跤、射箭、歌舞、对唱（即彝族打歌）和打秋千等活动。这一天，彝族群众一般都穿着新衣，早上杀鸡宰羊，全家团圆，共同用餐。晌午，还要吃“八宝饭”，“八宝饭”不是甜的，而是用四季豆、茄子、青南瓜、青辣椒等八种新鲜蔬菜制作而成。到了晚上则由领舞香通（彝族的男巫）吹着葫芦笙、竹笛带领男女大众围着巨型火把载歌载舞，或者各自手持火把，冲着火把撒出松香，互相追逐嬉戏，以求风调雨顺，村寨平安。

近年来，隆阳区紧紧抓住云南旅游“二次创业”的历史机遇，依托资源和区位优势，加快文化旅游产业发展步伐，广泛开展各类丰富多彩的节庆文化活动，把芒宽火把节作为重点打造的八大节庆活动之一，对于展现芒宽民族民俗风情，弘扬民族文化，丰富群众文化生活，推

傈僳族
上刀山

动芒宽经济社会发展具有重要意义。于是，火把节从民间自发组织走向了党委、政府引导组织，由隆阳区委、区政府主办、芒宽彝族傣族乡党委、政府承办的“隆阳区芒宽彝族火把节”都要历时3天，3天中既有激情飞扬的歌手大赛和连续3晚的文艺晚会，又有竞争激烈的体育竞技和丰富多彩的各种民间手工艺品、怒江奇石展示，真可谓激情峡谷涌热潮，魅力芒宽唱和谐。

8月，踏上芒宽这片美丽富饶的土地，到处洋溢着甜蜜的歌声和醉人的芳香。这“火”上加“火”的节日，将炎热的峡谷、夏日奔腾的怒江激荡得更加热情奔放，豪情万丈。随着广场中央篝火的点燃，一时间，一把把高擎的火把，一堆堆燃烧的篝火，像一颗颗繁星落入人间，到处是火的世界，到处是歌的海洋。整个文化广场上，火龙游动，彩霞飞舞，锣鼓震天，三弦叮咚，不管是客人，还是主人，不管是彝族、傣族，还是傈僳族，也没有人追问节日是祭天祭祖，还是照岁祈年，男女老少，人们手拉手，足跟足，围着篝火载歌载舞，尽情地狂欢。火的节日令人陶醉、难以忘怀。

现在，“隆阳区芒宽彝族火把节”已经举办了10多届了，每年都以“火”为主体，凸现彝族“火”文化，寄寓以火消灾祈福、五谷丰登、生活幸福的美好愿望，着力体现芒宽丰富多彩的民族文化和人文风情以及20种民族和谐相处、共同发展、日子红红火火的社会状况，对构筑芒宽乡对外交流平台、促进文化旅游与经济社会和谐发展都具有十

分重要的意义。

各民族大联欢

来吧，在芒宽，自然与人文旅游资源交相辉映。这里，得天独厚的自然旅游资源与丰厚的民族文化、历史文化资源相生相伴；这里众多的人文景观依附于自然山水而显得有生气；这里，自然山水景观也因有人文景观的映衬更加有内涵；这里，南方丝绸古道如一条金线将它们串在了一起……

火把已经点燃，欢歌已经唱响：点燃热情的火把，映红了天边的云霞；迎来尊贵的客人，献出了美酒香茶；来到了美丽的上江坝，各族人民是一家；尽情地跳呀尽情地唱，欢歌欢舞颂繁华。

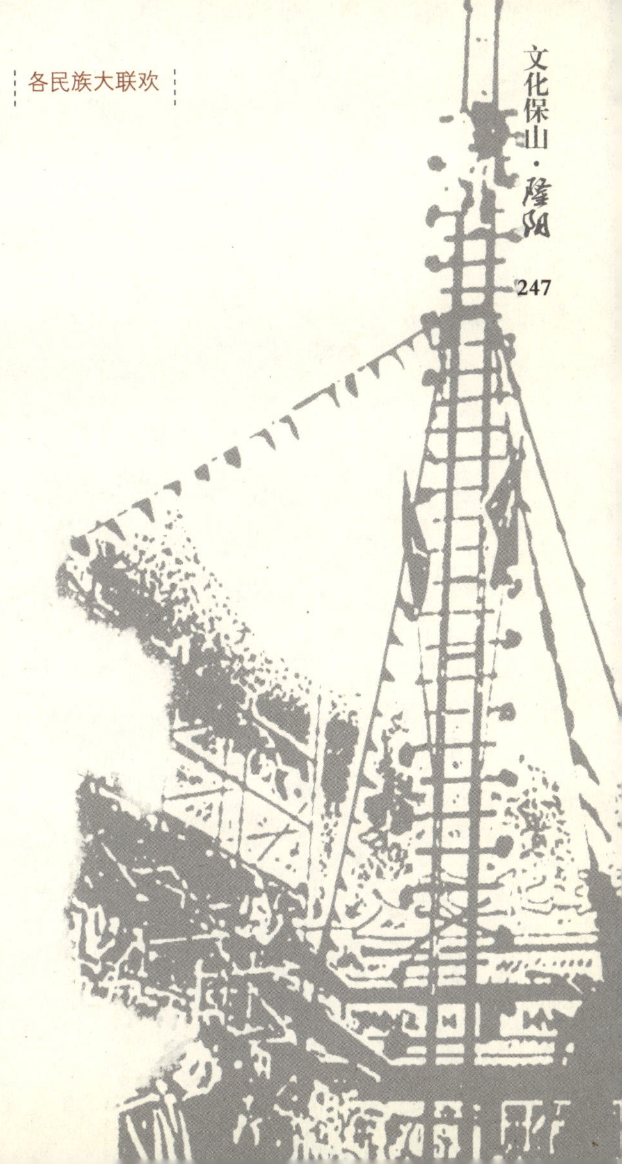

彝族擦大钹：与神共舞的民间舞蹈

在瓦房彝族民间，『擦大钹』的应用非常广泛。当地群众讨亲嫁女、建房乔迁、超度亡灵、老人去世、二月初八『姑娘节』等都少不了要请大钹班子到家中来表演一场。当地人相信『擦大钹』是可以和神灵沟通的。于是遇喜事时，『擦大钹』可以为喜事增福添喜；遇丧事时，『擦大钹』可以为逝者安魂指路、超度升天。

瓦房彝族民间“擦大钹”是保山乃至云南民族民间文化艺术的一个重要的品牌，省内外文艺界人士把它与“威风锣鼓”相提并论而誉为“南钹北鼓”，认为两者都是与神共舞的民间舞蹈。

流传在瓦房彝族乡徐掌、白龙井、四棵树等彝族聚居村寨的彝族“擦大钹”，彝语称“大钹聚自得儿”，是一种集舞蹈、武术、杂耍、打击乐演奏于一身的非常优秀的彝族民间舞蹈，应用非常广泛。当地群众讨亲嫁女、建房乔迁、超度亡灵、老人去世、二月初八“姑娘节”等都少不了要请大钹班子到家中来表演一场。遇喜事时，“擦大钹”可以为喜事增添喜庆气氛，喜上加喜；遇丧事时，“擦大钹”可以为逝者“安魂指路”，“超度升天”。在节日庆典中，“擦大钹”可以迅速制造喜庆的氛围，渲染欢乐祥和的情绪。

关于“擦大钹”的起源，据说：“自明朝以来，永昌就有打铸大钹的手工工艺，大钹作为打击乐器用于民间喜庆活动已经历史久远。”由此推断，永昌（今隆阳）可能明清之际就出现了“擦大钹”舞蹈。随着历史发展，多民族文化相互渗透，相互交融，这种传统的艺术形式多已失传，只有在徐掌、白龙井、四棵树这些地理环境特殊，又很封闭的彝族山寨中才得以保留至今。

在当地，有多支大钹班子活跃于民间。大钹班子一般由 6—8 人组成，全是男性，忌讳女人加入。旧时，表演者常常分别戴上唐僧、沙僧、孙悟空、猪八戒、彝仙女等面具边敲边跳，使舞蹈谐趣横生，吸引观众。自 20 世纪 80 年代后，戴面具的表演已少见，但表演中还常常保留着一些猴戏动作。“擦大钹”的步法以骑马步、踏步、蹲步、弓箭步、跳踢步、横跳步、磋步等矮桩动作为多；钹位有正钹、侧钹、胸前钹、胯下钹、盖钹、泼水钹、抛钹、点擦钹、揉擦钹等多种击钹方式。这些步法和擦钹的钹位、技法，在舞蹈当中灵活多变，交替运用，显得既有规律，又没有确切的规律，带有一定的即兴性。

现在流传的“擦大钹”舞蹈有 5 个最基本的套路：有“长板”、“纱帽顶”、“串花”、“苍蝇搓脚”、“拳打”（五合丢拳）等。“长板”以正钹、侧钹、盖钹、揉钹、点钹以及相应的技巧表现擦大钹的刚柔、强弱、徐激、

跌宕变化的韵味。“拳打”（五合丢拳）一般为二人出场，动作基本对称，有一定即兴性，且有明显的武术特点，时而单打，时而对打，翻腾跳跃，灵活多变。“苍蝇搓脚”常在深蹲的姿态中完成和展示各种击钹技巧，别有一番情趣。“串花”是以大钹对串，大小钹对串，大钹、小钹、大铓 、铙子对串，使舞蹈画面产生丰富变化的套路。“纱帽顶”则是以胸钹、背钹、胸背钹、头顶钹为主干，在动作上融进民间武术动作的套路，富有逗闹、嬉戏的风趣情调。根据场面的需要和表演者体力和激情程度，以上 5 个套路都可以分为独舞、双人舞、多人混合舞等多种形式。就每个套路而言，表演者通常都可以在保持基本动作风格的基础上，加入花哨的即兴动作，甚至加入一些诸如“抛钹”、“苍蝇搓脚”、“抱腿”、“坐打”、“矮桩”等高难度动作，使表演更加精彩迷人，获得更多掌声和赞美声。“擦大钹”舞蹈，由于大钹沉重，且多采用半蹲半跪、幅度较大的动作，消耗体力太大，所以，短时间的舞蹈跳下来，舞者便大汗淋漓、气喘吁吁了。在擦大钹班子里，人人都是多面手，既能出场擦大钹，又能打鼓、敲铓、吹唢呐。擦大钹表演时，伴奏者或站或蹲或坐，围成半圆，擦大钹舞者轮番上阵，在中心区表演。遇到大场面时，则几个班子会聚一堂，几副大钹同时登场表演，更显得气势磅礴，热闹壮观。

“擦大钹”表演除了需用主奏乐器“大钹”外，还常用堂鼓、小红鼓、大锣、小钹、闹子、小唢呐、长号等作为伴奏乐器。每次表演，都以长号吹长音开场，紧接着，明亮的唢呐曲调和热闹的锣鼓打头引出大钹舞者的精彩表演。在擦大钹表演中，唢呐是一种依办事程序及时变换曲调并贯穿始终的重要乐器。例如在讨亲嫁女的喜事场合中，唢呐要依次吹奏离娘调、哭娘调、起身调、出门调、过山调、过街调、进门调、迎喜调。喜事完毕时还要吹奏拆棚调。在丧事场合中，唢呐要吹奏敬师调、上祭调、劝尸调、

婚礼表演

亡调、起棺调、过山调、下葬调等曲调。大小钹及全堂乐器齐上场时，常吹奏紧梭罗、三板、二黄等曲调。表演时，所有的唢呐曲调与擦大钹动作可以各吹各打，无须统一节奏。

“擦大钹”的确称得上是优秀的彝族民间舞蹈，曾在1991年，被保山的专业文艺工作者采集素材后创作、编排成舞台节目《大钹韵》参加云南省首届民族民间舞蹈比赛荣获表演一等奖；1992年，又以“擦大钹”为素材集体创作编排了大型广场舞蹈，定名“永昌钹舞”，参加在昆明举办的“第三届中国艺术节”，并以其恢弘的气势、壮观的场面和震撼人心的力量赢得中外来宾、专家学者的高度赞扬，赢得了春城观众一阵阵热烈的掌声，荣获“第三届中国艺术节”组委会颁发的“表演综合一等奖”和“组织一等奖”。

此后，以“擦大钹”为素材编排的舞台节目《劲歌》和广场舞蹈《钹鼓喧天庆盛典》等节目纷纷在省、市、县（区）专业舞台和重大节庆的大型开幕式文艺表演中亮相。而且，只要有大钹舞蹈参加，整台表演就会增色不少，大钹舞蹈也必然成为亮点，给人们留下深刻的印象。目前，

彝族大妈笑开颜

在徐掌村新一代的大钹艺人中，当数茶发金掌握技艺最全面，表演水平最高超，也是当地“擦大钹”的重要传承人。茶发金已于2002年5月被云南省文化厅、省民委命名为“云南省民族民间舞蹈艺人”。

只要“擦大钹”的长号吹响，锣鼓喧天，钹声振荡，便会勾魂般引来山寨的男女老少。围观者里三层外三层地围成圆圈，兴致勃勃地观看表演；而舞者则轮番上阵，各显身手，各展高招。他们越跳越有劲，越擦越出神，直跳到大汗淋漓、精疲力竭方肯罢休。一场跳下来，稍事休息，抽烟喝酒，养足精神后再起二场。

——这，就是隆阳瓦房民间的彝族“擦大钹”。

后记

春满隆阳，家园永昌。

隆阳区位于中国西南部，东北边隔澜沧江与大理相望，南边和保山市的施甸、龙陵县相连，西边以高黎贡山脊与腾冲县为界，北边顺怒江而上与怒江傈僳族自治州毗邻，是保山市委、市政府所在地，全区境内东西最宽78公里，南北长96公里，总面积5011平方公里，目前，人口总数达94万。

隆阳古称永昌，有“永世良久、昌盛繁荣”之义，又因盛产兰花而美名兰城，是云南历史上开发较早的地区之一，是历代的边陲重镇。周朝时期属哀牢国首邑，西汉元封二年（公元前109年）置不韦县，属益州郡，东汉永平十二年（69年）置永昌郡，在东汉时期卓立为全国第二大郡，唐属南诏，宋置永昌府，明嘉靖三年（1524年）开保山县。民国废府设县，新中国成立后仍为保山县，1983年经国务院批准改县为市，2001年6月撤市设区。

隆阳区襟沧江而带怒水，素有“滇南锁钥”之称，是滇西的交通枢纽，中国最古老的国际通商大道——“蜀身毒道”的咽喉要道和物资集散地，历代对外开放的门户，著名的古代“南方丝绸之路”的要冲，是祖国内地通向东南亚各国的重要驿站，古代朝廷贡品“永子”、“料丝灯”的发祥地，滇西抗战的主战场，有抗战大后方重要的国际补给线——史迪威公路穿境而过。

隆阳区气候属西南季风区亚热带高原气候类型，加之低纬度高海拔和海拔高程差异较大的复杂地形，使隆阳区形成“一山分四季，十里不同天”的立体气候。大部分地区冬无严寒，夏无酷热，四季如春，终年常绿，最适宜人类居住。

优越的立体气候，造就了丰富多样的生物资源，给隆阳带来了立体农业之利，已被国家列为滇西农业综合开发区和全国粮棉大县（区）之一，素有“滇西粮仓”之称，被国家和云南省列为“香料烟生产基地”、“小粒咖啡生产基地”、“国家糖料基地”、“芒果生产基地”。境内河流众多，落差较大，水力资源较为丰富。全区分属怒江、澜沧江两大水系的大小河流有140多条，水能理论蕴藏量23万多千瓦。主要矿藏有汞、铜、硫黄、铅、锡、钛铁砂、金、银、煤、天然气等多种矿产资源，且储量丰富，极具开采价值。

隆阳古为“殊方异域”聚散之地，“南方丝绸之路”横贯全境，至今留有诸多胜迹，加之山川壮丽、风景优美，神奇的魅力吸引着八方来宾。曾令中外旅行家徐霞客、马可·波罗和大批文人墨士所倾倒而吟咏的“内八景”、“外八景”经修葺一新，可供观赏游乐的有：明月太保、龙泉雁塔、西山晚翠、梨花香雪、农民公园龙王塘、金鸡卧牛寺、唐代古刹云岩卧佛寺等。雄踞区境西部的高黎贡山，有82种国家重点保护野生动物，58种国家和省级保护野生植物，有众多的遗迹、遗物，享有“世界动物植物宝库”、“物种基因库”、“自然博物馆”美誉。

从历史建树到当今贡献再到将来的发展，隆阳区在我国大西南边陲都占有重要地位，随着对外开放的扩大和经济建设的发展，隆阳区将逐步成为我国内地向西南边疆实行经济技术转移的支撑点和接力点，成为理想的边贸转口加工、出口之地，成为名副其实的“滇西边境中心城市”。

作为一座古西南丝绸之路上的历史文化名城，历史文化古迹与自然景观交相辉映，人文历史与自然美景的结合，使这块多情的土地美得厚重、美得多情。因为这美丽而多情的土地，多少赤子唱哑了歌喉，画秃了画笔。

“生活在别处”，这是多少人的梦想。而隆阳却是现实版的人类最理想居住地。触摸隆阳的柔软阳光，她一年四季总是不温不火的，像是一位胸怀博大的母亲，总是在用春天的气息呵护着她的儿女。

隆阳是美的，但却有点像羞赧的“小家碧玉”，只有更多的关心与支持，这位“小家碧玉”才可能站到大舞台上展露风姿。作为隆阳人，我们感谢每一个为宣传隆阳形象而付出过的朋友。

遍布美景的土地上到处都是散落的珍珠，沧海遗珠是难免的，这里展示给你的只是一串拾掇后的“项链”，但愿你因为这串“项链”而走进隆阳，亲近隆阳。

作为编者，一本书的杀青，正是我们忐忑的时候，因为我们怕自己朴拙的笔触没有完全描摹出故土母亲的美丽，尽管我们已经字斟句酌。

在此，我们谨向关心、支持《文化保山·隆阳》编撰出版工作的各位领导、专家老师，特别是向各位参与撰稿、摄影的作者致以衷心的感谢。

《文化保山·隆阳》编委会

图书在版编目（CIP）数据

文化保山·隆阳 / 杨艳梅主编. -- 昆明 ：
云南人民出版社，2013.6
ISBN 978-7-222-10650-5

Ⅰ. ①文… Ⅱ. ①杨… Ⅲ. ①区（城市）－概况－保山市 Ⅳ. ①K927.43

中国版本图书馆 CIP 数据核字（2013）第 006366 号

创意策划 云南出版集团公司产业发展部

出 品 人 刘大伟
责任编辑 苏映华　文艺蓓　周　毅
设计总监 亚　雄
创意设计 云南非鸟文化传播有限公司
责任校对 陈春梅
责任印制 陆卫华

文化保山·隆阳

本卷主编 杨艳梅
出　　版 云南出版集团公司　云南人民出版社
发　　行 云南人民出版社
社　　址 昆明市环城西路 609 号
邮　　编 650034
网　　址 www.ynpph.com.cn
E-mail rmszbs@public.km.yn.cn
开　　本 787×1092　1/16
印　　张 17
字　　数 100 千
版　　次 2013 年 9 月第 1 版第 1 次印刷
印　　刷 云南新华印刷二厂
书　　号 ISBN 978-7-222-10650-5
定　　价 50.00 元